मुनफ़रिद

कविता, शायरी, ग़ज़ल...

श्रीराज मेनन

Made with ♥ on the Notion Press Platform
www.notionpress.com

क्रम-सूची

क्रम-सूची

क्रम-सूची

क्रम-सूची

क्रम-सूची

भूमिका

पुस्तक में लेखक द्वारा लिखित हिंदी कविताएँ और शायरी शामिल हैं। इसमें कविताएं, शायरी और प्रेरणादायक उद्धरण शामिल हैं।

इस पुस्तक में लेखक द्वारा लिखी गई कुछ कविताएँ और शायरियाँ हैं जो प्रेम, प्रकृति और जीवन के सामान्य दैनिक पहलुओं पर आधारित हैं। कुछ प्रेरक प्रसंग भी हैं। प्यार में पाया गया प्यार, खोया हुआ प्यार और फिर से जगा हुआ प्यार शामिल है। इसी तरह, प्रकृति में प्रकृति का महत्व है और लोग बिना किसी दुष्प्रभाव के प्रकृति का अपने फायदे के लिए दुरुपयोग करते हैं। सामान्य में जीवन के सामान्य पहलू होते हैं जो लोगों और परिवेश के साथ चलते हैं।

पावती (स्वीकृति)

मैं अपने उन दोस्तों को धन्यवाद देना चाहता हूं जिन्होंने मुझे कविताएं और शायरी लिखने के लिए प्रेरित किया, जिसे मैं कहता था और भूल जाता था। मैं Your Quote प्लेटफॉर्म और उसके सभी सदस्यों और समूहों को भी धन्यवाद देना चाहता हूं जिन्होंने मुझे अनुमति दी और मुझे इसके मंच पर अपनी सामग्री लिखने के लिए प्रेरित किया। मैं नोशन प्रेस और उसके सभी सदस्यों को भी धन्यवाद देना चाहता हूं जिन्होंने मुझे अपनी सामग्री को अपने मंच और समय-समय पर मार्गदर्शन के माध्यम से प्रकाशित करने की अनुमति दी, जो उन्होंने मुझे मेरी त्रुटियों को ठीक करने के लिए दिया।

1. तेते पाँव पसारिए...

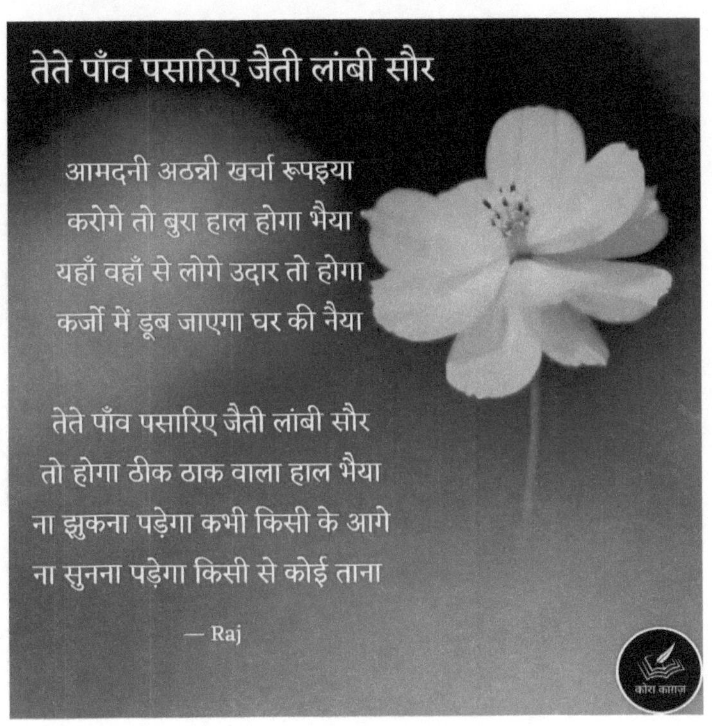

तेते पाँव पसारिए जैती लांबी सौर

आमदनी अठन्नी खर्चा रूपइया
करोगे तो बुरा हाल होगा भैया
यहाँ वहाँ से लोगे उदार तो होगा
कर्जे में डूब जाएगा घर की नैया

तेते पाँव पसारिए जैती लांबी सौर
तो होगा ठीक ठाक वाला हाल भैया
ना झुकना पड़ेगा कभी किसी के आगे
ना सुनना पड़ेगा किसी से कोई ताना

— Raj

2. छठी का दूध याद आना

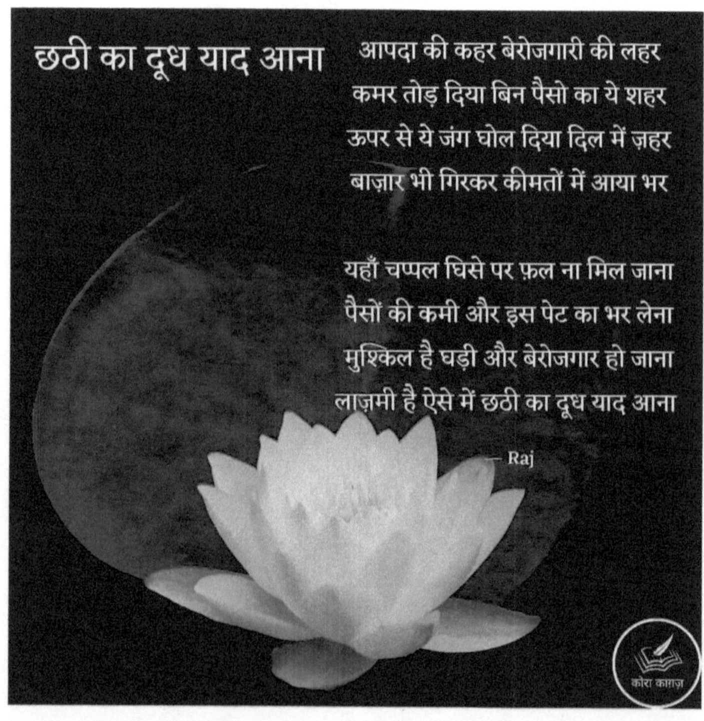

छठी का दूध याद आना

आपदा की कहर बेरोजगारी की लहर
कमर तोड़ दिया बिन पैसो का ये शहर
ऊपर से ये जंग घोल दिया दिल में ज़हर
बाज़ार भी गिरकर कीमतों में आया भर

यहाँ चप्पल घिसे पर फ़ल ना मिल जाना
पैसों की कमी और इस पेट का भर लेना
मुश्किल है घड़ी और बेरोजगार हो जाना
लाज़मी है ऐसे में छठी का दूध याद आना

— Raj

3. आक़िल - समझदार

उर्दू की पाठशाला
कोरा काग़ज़
आज
का
शब्द
आक़िल
आक़िल इसी में है ताक़रार न कर मोहब्बत में
क्योंकी इश्क़ और जंग में सब कुछ जायज़ हैं

उल्फ़त-ए-इश्क़ में होता कभी रंज कभी प्यार
बस जो भी समझें यहाँ रिश्ता वही कायम है

— Raj

4. एक पल के लिए

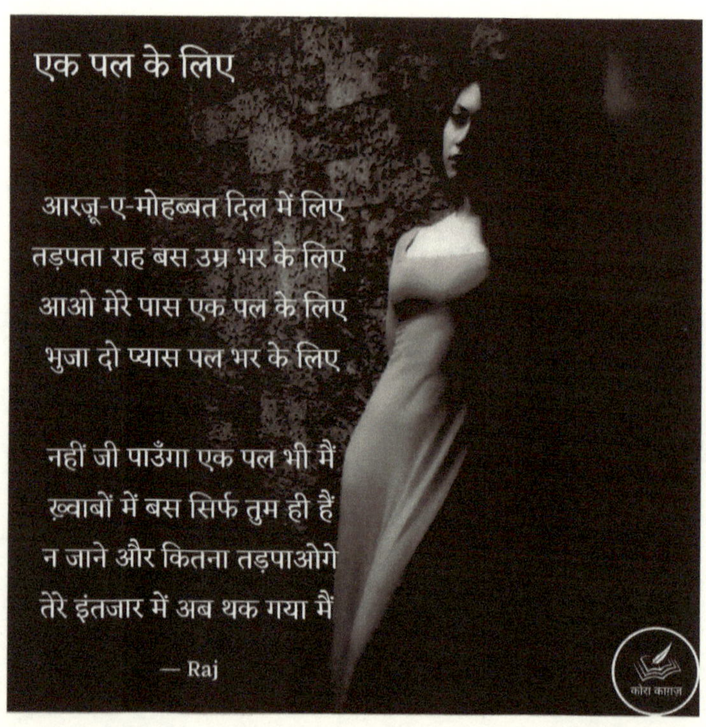

एक पल के लिए

आरज़ू-ए-मोहब्बत दिल में लिए
तड़पता राह बस उम्र भर के लिए
आओ मेरे पास एक पल के लिए
भुजा दो प्यास पल भर के लिए

नहीं जी पाउँगा एक पल भी मैं
ख़्वाबों में बस सिर्फ तुम ही हैं
न जाने और कितना तड़पाओगे
तेरे इंतजार में अब थक गया मैं

— Raj

5. ख़्वाबों में खोया सा

6. चुना लगाना

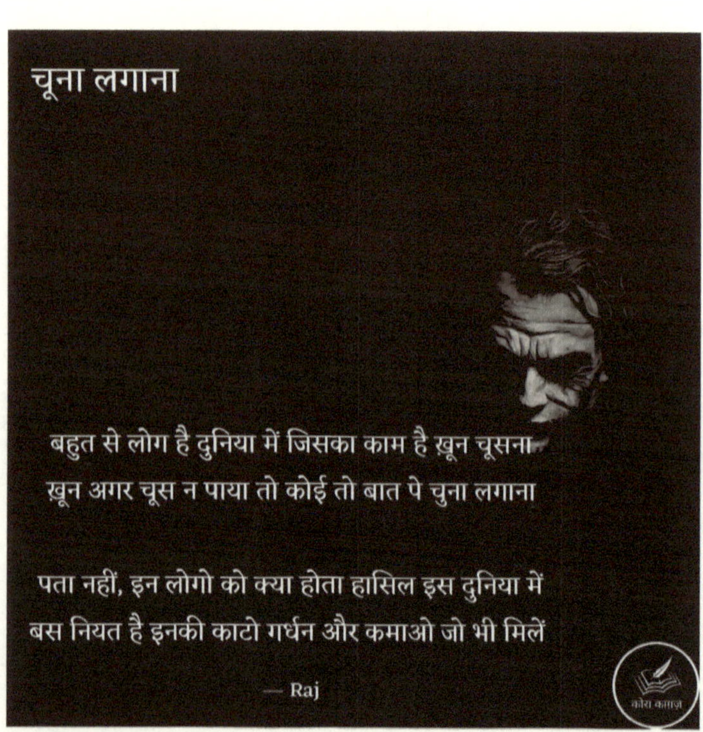

चूना लगाना

बहुत से लोग है दुनिया में जिसका काम है ख़ून चूसना
ख़ून अगर चूस न पाया तो कोई तो बात पे चुना लगाना

पता नहीं, इन लोगो को क्या होता हासिल इस दुनिया में
बस नियत है इनकी काटो गर्धन और कमाओ जो भी मिलें

— Raj

7. मुनफ़रिद - एकाकी, अकेला

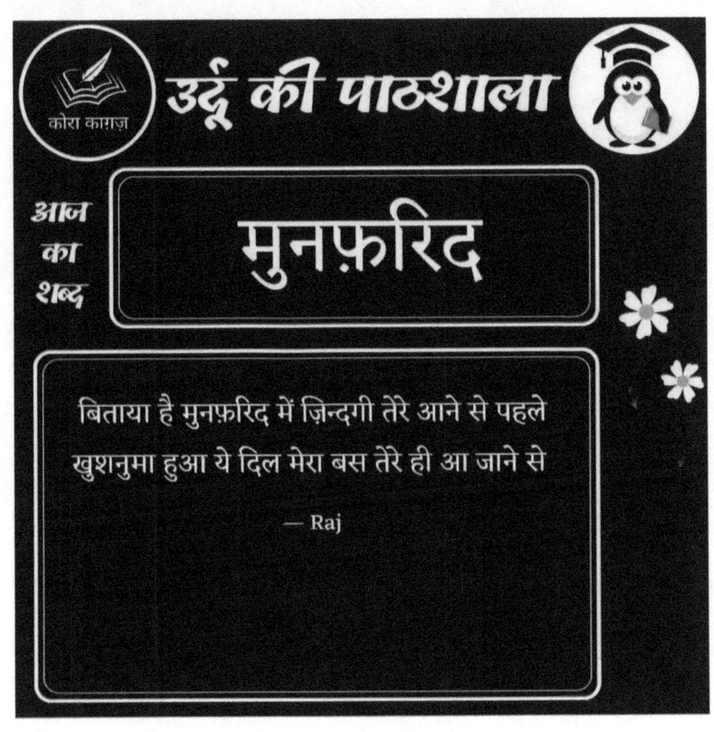

8. चैन की बंसी बजाना

चैन की बंसी बजाना

चाहत सबकी इस दुनिया में
ख़ूब है खाना और ख़ूब सोना
यहाँ दिन-रात मेहनत करके
किसी भी तरह धनवान बनना

दुःख की इस ज़िन्दगी से उबना
और बस चैन की बंसी बजाना
जब मर्ज़ी सिर्फ घूमने को जाना
और वहाँ ख़ूब मौज मस्ती करना

— Raj

9. तेरे इश्क़ का रंग

तेरे इश्क़ का रंग

छा गया तेरे इश्क़ का रंग
मेरे दिल में भरकर उमंग
जैसे कोई तपस्या हुआ भंग
सब हो गया देख इसे ढंग

यूँही तन्हा ता मेरा ज़ीवन
जिसमे खिल गया सावन
महक़ गया यहाँ ये पवन
देखता गया बन चितवन

दिल भी हुआ मेरा मकमल
हुआ तेरे ही इश्क़ में घायल
अब रह न पाऊँ मैं एक पल
कभी न होना मुझसे ओजल

— Raj

10. छाती पर पत्थर रखना

11. तेरी गलियाँ

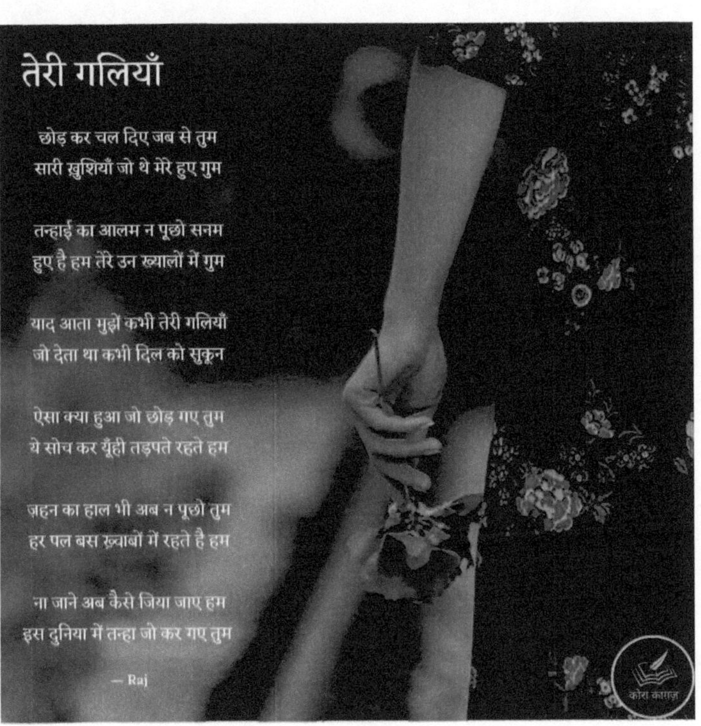

तेरी गलियाँ

छोड़ कर चल दिए जब से तुम
सारी खुशियाँ जो थे मेरे हुए गुम

तन्हाई का आलम न पूछो सनम
हुए है हम तेरे उन ख़्यालों में गुम

याद आता मुझे कभी तेरी गलियाँ
जो देता था कभी दिल को सुकून

ऐसा क्या हुआ जो छोड़ गए तुम
ये सोच कर यूँही तड़पते रहते हम

ज़हन का हाल भी अब न पूछो तुम
हर पल बस ख़्वाबों में रहते है हम

ना जाने अब कैसे जिया जाए हम
इस दुनिया में तन्हा जो कर गए तुम

— Raj

12. चिल्लर भर ख़ुशियाँ

13. चादर तान कर सोना

14. चौदहवीं का चाँद

चौदहवीं का चाँद

ढूंढ लिया सारी दुनिया सुबह शाम पर मिला ना कहीं
कहाँ छुपा है वो चौदहवीं का चाँद किसी को पता नहीं

जान लुटा दूँ, खूब मोहब्बत कर लूँ, इक बार तो मिला दें
मुझसे क्यों रूठा है ऐ मेरे रब, क्यों इतना मुझें तड़पाए

आफ़ताब में पसीना छूटा और गुल हुआ शब की नींद
और कितना तरसाओगे उस मिलन को ऐ मेरे तकदीर

— Raj

15. ज़हर का घूँट पीना

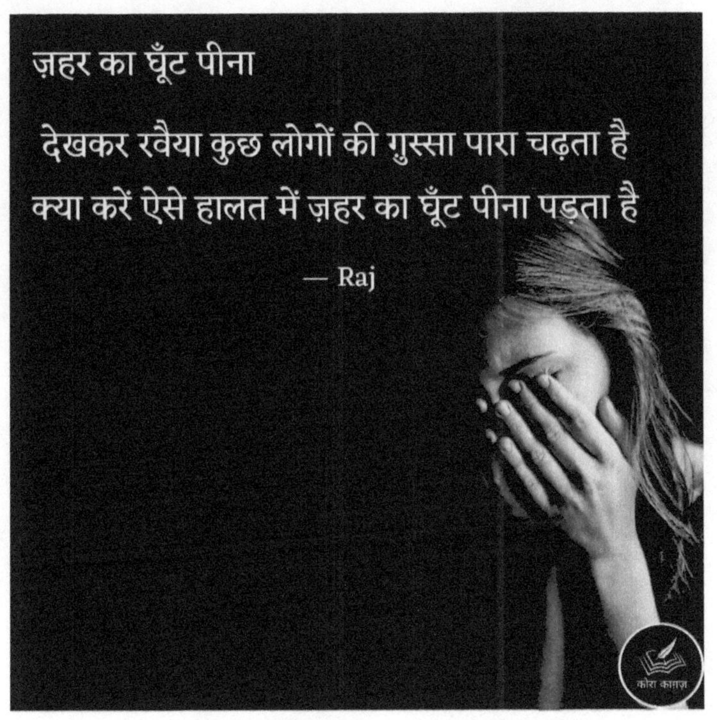

ज़हर का घूँट पीना

देखकर रवैया कुछ लोगों की गुस्सा पारा चढ़ता है
क्या करें ऐसे हालत में ज़हर का घूँट पीना पड़ता है

— Raj

16. देखकर तेरी मुस्कुराहट

17. धड़कन दिल की

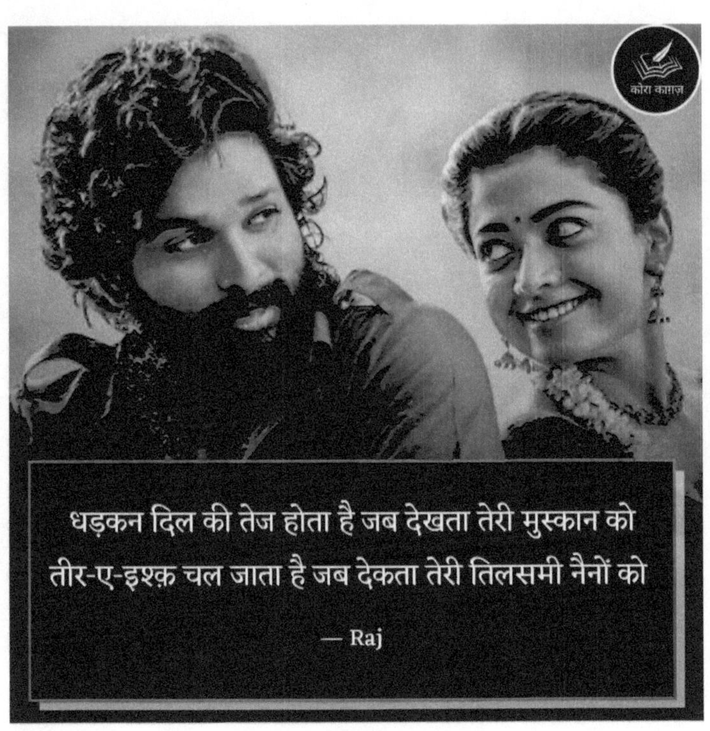

धड़कन दिल की तेज होता है जब देखता तेरी मुस्कान को
तीर-ए-इश्क़ चल जाता है जब देकता तेरी तिलसमी नैनों को

— Raj

18. जाके पाँव न फटी...

जाके पाँव न फटी बिवाई, वो क्या जाने पीर पराई

दुःख में जुँझ रहे लोग देखकर हँस कर देता बिदाई
जाके पाँव न फटी बिवाई, वो क्या जाने पीर पराई

मज़ाक उड़ाकर लोगों के दिल को करता है रुसवाई
नासियत देकर करते रहते हो दुनिया को जगजाई

— Raj

19. एहसास-ए-मोहब्बत

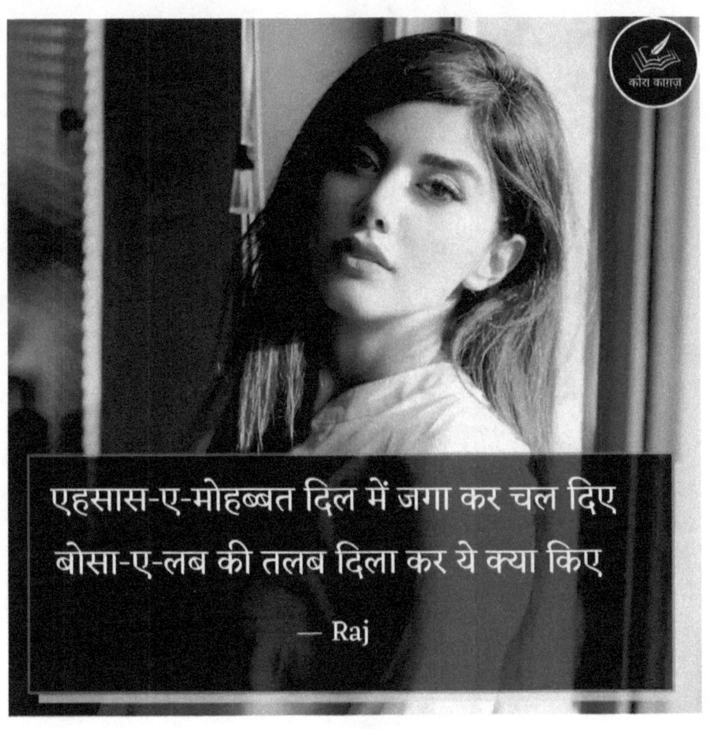

20. हसीन साथी

हसीन साथी

एक हसीन साथी की तलाश में भटकता रहा मैं
ढूंढ़ता रह गया मैं मुसाफ़िर बस ठोकरे खाते हुए

ढूंढा उसे गली-गली गाँव की और बीच चौबारे में
कहीं नज़र नहीं आया मेरे इस दिल को जो भाएं

गाँव छोड़ा, शहर छोड़ा, ढूंढा उसे सारी दुनिया में
पता नहीं चला कहीं उस नज़नीन का इस ज़माने में

तरस गया हूँ मिलन को अब दिल ना रहा काबू में
जाने कैसा तक़दीर है मेरा यूँही तन्हा तड़प रहा हूँ मैं

— Raj

21. ताली एक हाथ से...

ताली एक हाथ से नहीं बजती

एक तरफ़ा इश्क़ कभी नहीं बनता
एक तरफ़ा जंग कभी नहीं जीतता
करता जो वफ़ा तो जफ़ा नहीं होता
ईमानदार हो तो बेईमानी नहीं होता

चाहे यहाँ जंग हो या मोहब्बत कहीं
यानी ताली एक हाथ से नहीं बजती
दोनों पक्ष भी होते है क़ुसूरवार कभी
एक तरफ़ा फैसला कभी करना नहीं

— Raj

22. लौट कर न आए

लौट कर न आए

गए थे मुझसे दूर तुम
पर लौट कर न आए
इंतजार कर रहा था मैं
पर कहीं नज़र न आए

मोहब्बत था मुझें तुमसे
पर तेरी मोहब्बत न पाए
ऐसा क्या गुना हो गया
जो मुझसे नज़र चुराए

उल्फ़त में डूबा रहता हूँ मैं
ज़ेहन में कुछ सूझ न पाए
होश गवाया तेरी इश्क़ में
और तुम दूर मुझसे हो गए

— Raj

23. तीर दिल के पार

24. झोपड़ी में रह के...

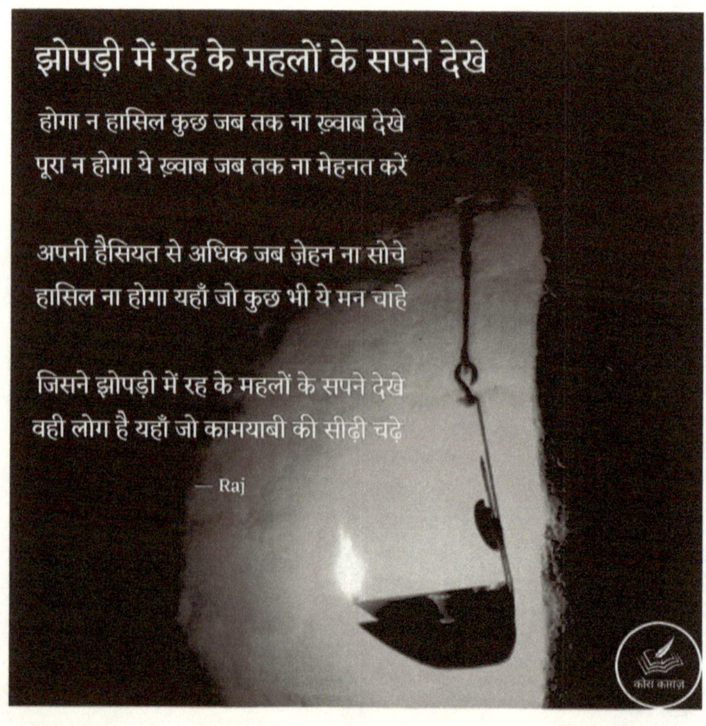
झोपड़ी में रह के महलों के सपने देखे

होगा न हासिल कुछ जब तक ना ख़्वाब देखे
पूरा न होगा ये ख़्वाब जब तक ना मेहनत करें

अपनी हैसियत से अधिक जब ज़ेहन ना सोचे
हासिल ना होगा यहाँ जो कुछ भी ये मन चाहे

जिसने झोपड़ी में रह के महलों के सपने देखे
वही लोग है यहाँ जो कामयाबी की सीढ़ी चढ़े

— Raj

25. चण्डाल चौकड़ी

चण्डाल चौकड़ी

होती है दुनिया में ये चण्डाल चौकड़ी
करते रहते है काम अक्सर उठ-पठी
इंसानियत इन में कहीं दिखता नहीं
बस करते रहते है बुरे काम सभी

अक्सर नशें में धुत रहते है ये सभी
राहचले की परेशान करता है कभी
औरोतों, बच्चों को भी छोड़ते नहीं
मार-पीट में होते है ये माहेर सभी

— Raj

26. इदराक - समझदारी

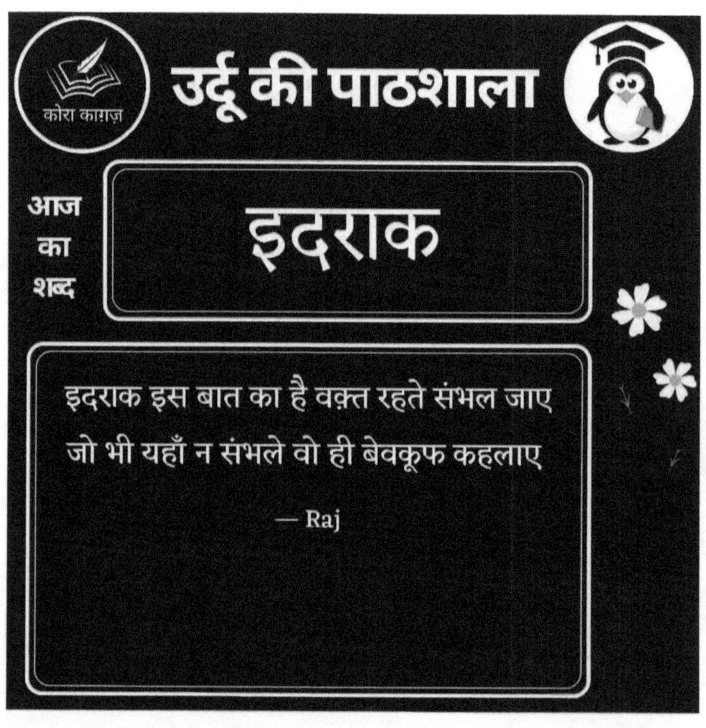

27. फ़िदा हुआ ये दिल

28. आख़िरी मुस्कान

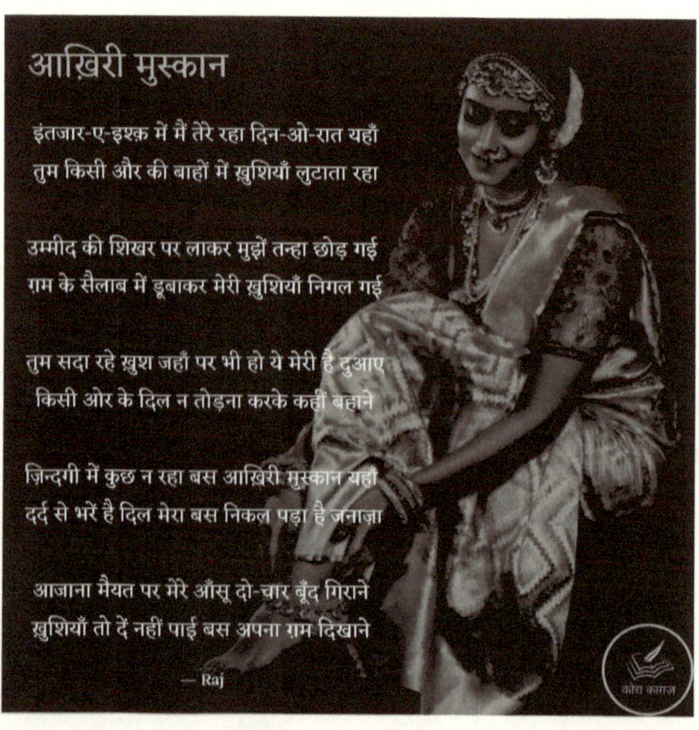

आख़िरी मुस्कान

इंतजार-ए-इश्क़ में मैं तेरे रहा दिन-ओ-रात यहाँ
तुम किसी और की बाहों में ख़ुशियाँ लुटाता रहा

उम्मीद की शिखर पर लाकर मुझे तन्हा छोड़ गई
ग़म के सैलाब में डूबाकर मेरी ख़ुशियाँ निगल गई

तुम सदा रहे ख़ुश जहाँ पर भी हो ये मेरी है दुआए
किसी ओर के दिल न तोड़ना करके कहीं बहाने

ज़िन्दगी में कुछ न रहा बस आख़िरी मुस्कान यहाँ
दर्द से भरें है दिल मेरा बस निकल पड़ा है जनाज़ा

आजाना मैयत पर मेरे आँसू दो-चार बूँद गिराने
ख़ुशियाँ तो दें नहीं पाई बस अपना ग़म दिखाने

— Raj

29. इंतज़ार-ए-इश्क़

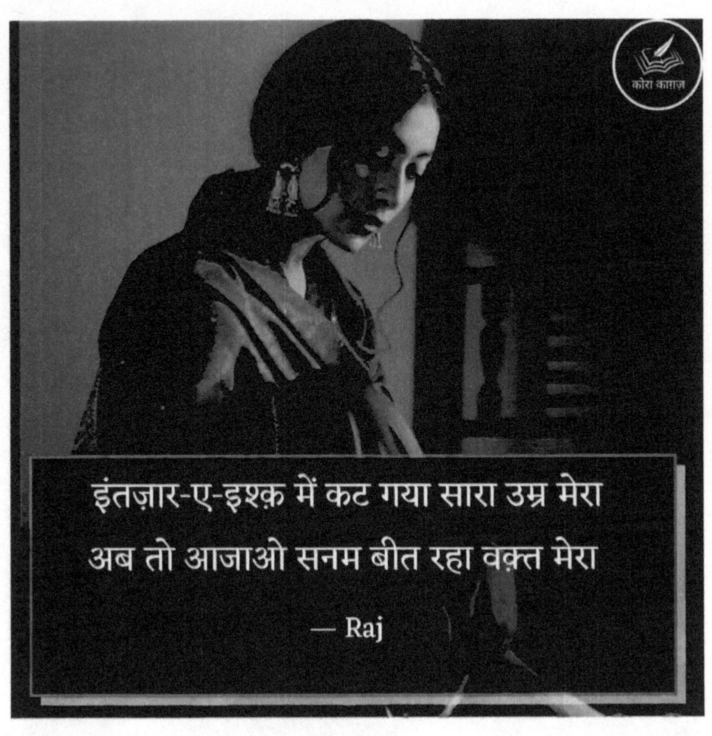

30. दर्द भी तुम दवा भी तुम

31. ख़ाक छानना

ख़ाक छानना

इश्क़ है तुमसे सिर्फ ये मानना
रह गए तलाश में ख़ाक छानना

घुमा सारा देश बस तेरे तलाश में
मिला न ख़बर किसी अख़बार में

ढूंढ़ता रहा सारा जहाँ उम्मीद में
कहीं मिलें दोबारा इस संसार में

थक गया हूँ अब तुम्हें ढूंढ़ते हुए
चाहत है एक नज़र मुलाक़ात के

छुपो नहीं मुझसे अबकी बार सनम
दर्द-ए-दिल न देंगे तुम्हें तेरी कसम

— Raj

32. लब से लब जो मिले

लब से लब जो मिले

इश्क़ की लहर उठी दिल में
तेरा साथ जब मिला मुझे
इस जीवन की बची राह में
अब तेरे सिवा कुछ न सुझें

हाल-ए-दिल अब मेरा बस
दिन-रात तेरे ख़्यालों में डूबे
न होश रहा न चैन कहीं बस
रहता इश्क़ की नशे में डूबे

यूँ मुलाक़ात जब हुआ तेरा
इस दिल में वो फूल खिले
तन में इश्क़ का आग लगा
जब तेरे लब से लब जो मिले

— Raj

33. इज़हार-ए-मोहब्बत

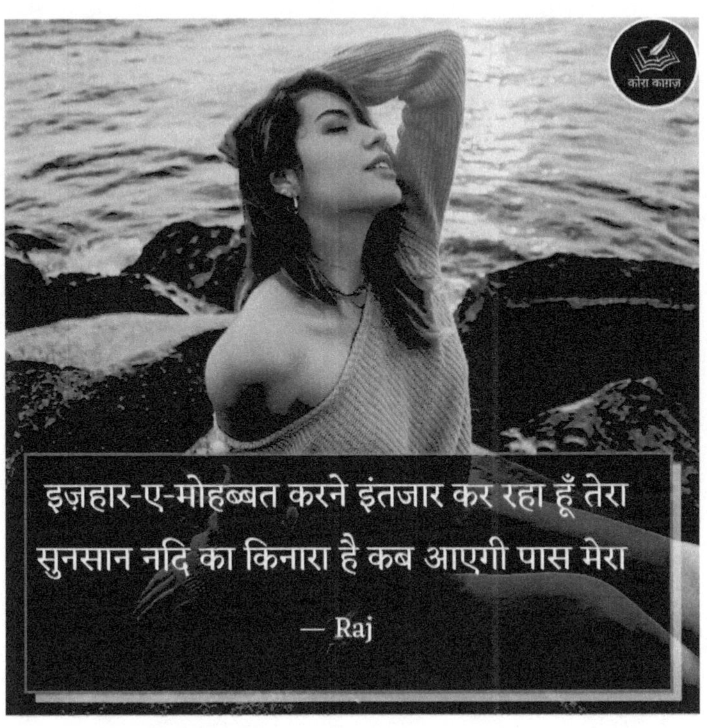

34. जान है तो जहान है

जान है तो जहान है

जान है तो जहान है
बाकी सब बेजान है
लड़ना तो बेकार है
शांत होकर रहना है

समझें भी कौन यहाँ
लड़ना भी उसूल वहाँ
बेकार की बातें हो जहाँ
किस्मत लें जाए वहाँ

दुनिया की यही रीत है
जो बचे वो सिकंदर है
यहाँ मर भी अगर जाते
पूछता इनको कौन है

— Raj

35. छप्पर फाड़कर देना

36. टेक की मुर्गी....

टके की मुर्गी नौ टके महसूल

जब होता है हाल नैसर्गिक आपदा का
पानी भरा शहर और फस गये लोगों का
घर पर पहुँचना हो जाता है मुश्किल सा
रिक्शा चालक भी होता हैं बादशाह सा

जब पूछ लिया जाए इनसे कोई सवार का
बन जाता टके की मुर्गी नौ टके महसूल सा
दुकानदार भी यहाँ कोई पीछा नहीं रहता
बढाकर दाम बस रह जाए लोगों को लुटता

— Raj

37. चेहरे पर हवाइयाँ...

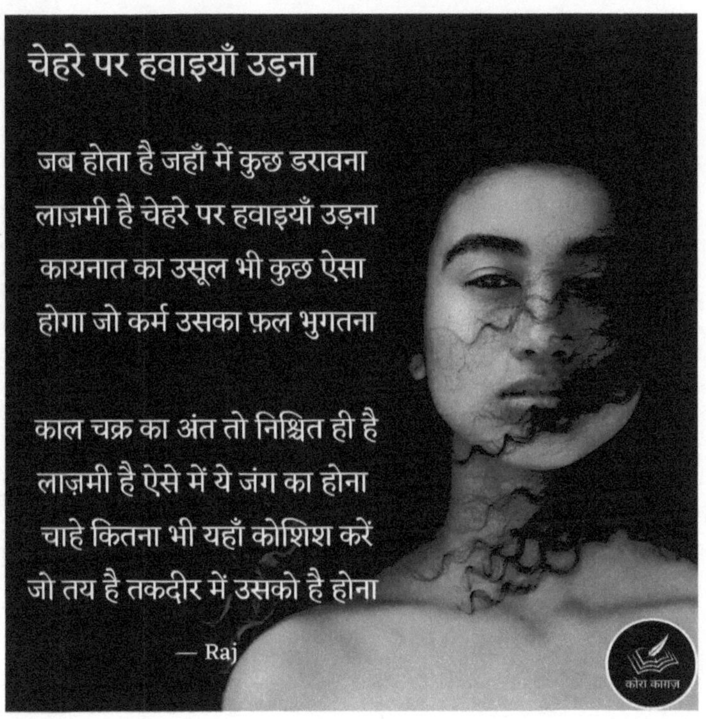

38. सब पर छाया है

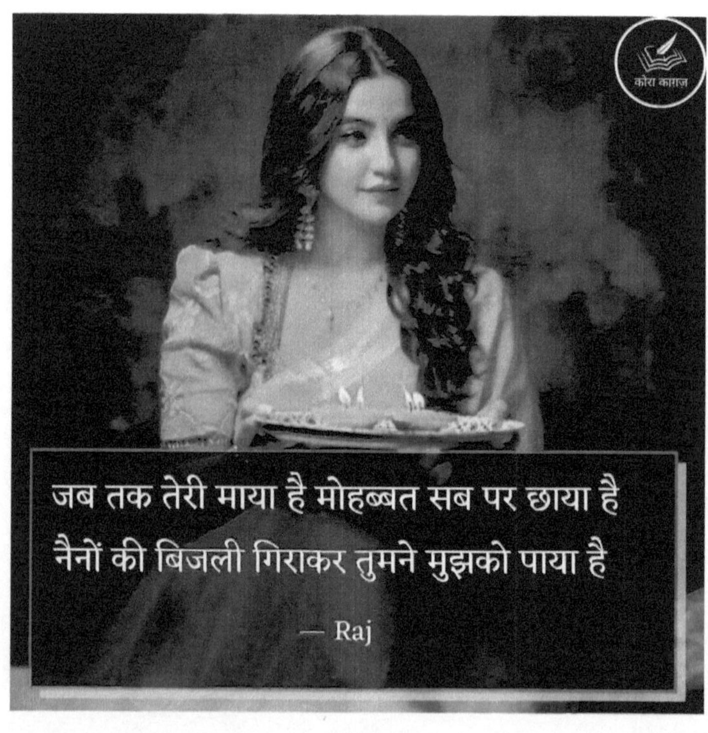

39. झट मंगनी पट ब्याह

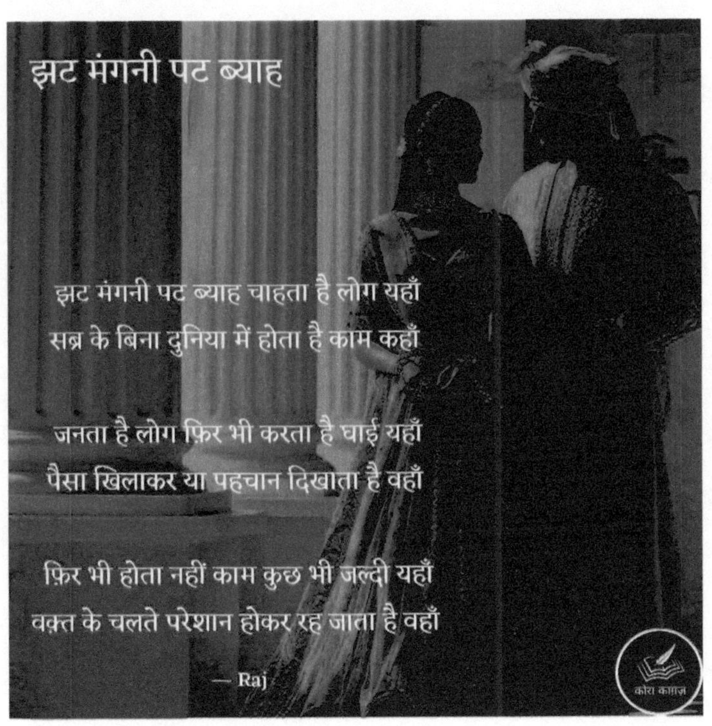

40. जी नहीं भरना

जी नहीं भरना

जितना भी देख लूँ उसे
मेरा जी नहीं भरना
जितना भी साथ बिताऊँ
वक़्त का कम लगना
क्या यही मोहब्बत है

बातें हज़ार कर लूँ उससे
उसकी बातें कम लगना
जितना भी पास रहू उसके
दूरियों सा महसूस होना
क्या इसी का नाम इश्क़ है

Raj

41. तीन में न तेरह में

तीन में न तेरह में

जो है कंगाल और जेब जिसकी खाली है
कीमत है जब उसकी रद्दी भर का ज़माने में
कौन पूछे उसको जिसकी न मोल दुनिया में
गिनती न हो उसकी यहाँ तीन में न तेरह में

ये ज़माने का है उसूल की पैसा बोलता है
जो है यहाँ अमीर उसकी ही सब चलता है
खरीद लेता है वो यहाँ इज़्ज़त भी पैसों से
बदनाम इन्सान भी यहाँ नामी बन जाता है

— Raj

42. छुप छुप कर रोये हैं

43. गंगा नहाना

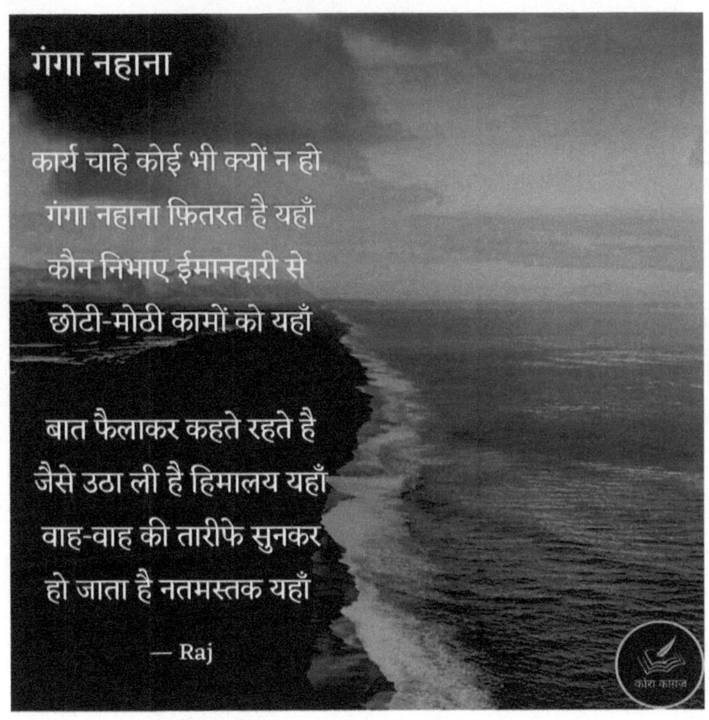

गंगा नहाना

कार्य चाहे कोई भी क्यों न हो
गंगा नहाना फ़ितरत है यहाँ
कौन निभाए ईमानदारी से
छोटी-मोठी कामों को यहाँ

बात फैलाकर कहते रहते है
जैसे उठा ली है हिमालय यहाँ
वाह-वाह की तारीफे सुनकर
हो जाता है नतमस्तक यहाँ

— Raj

44. कैद कर लूँ हर लम्हा

45. तख़्त या तख़्ता

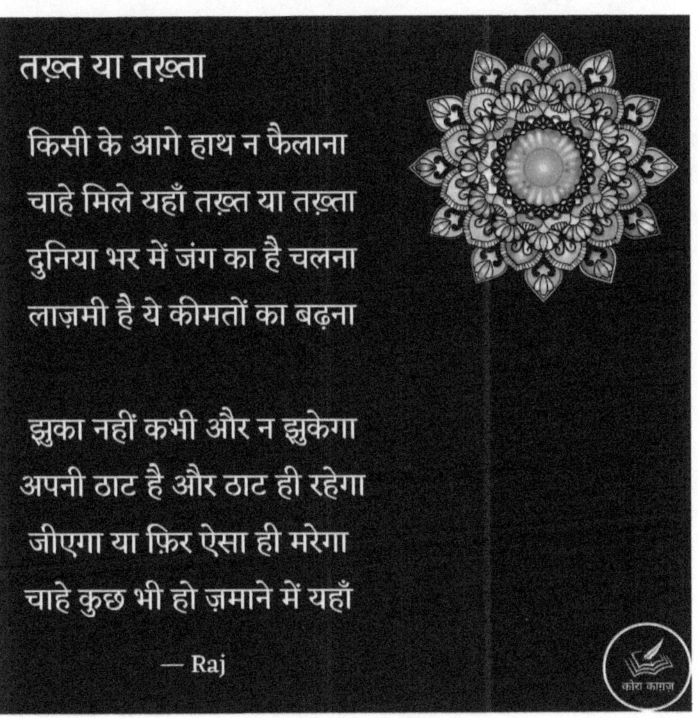

तख़्त या तख़्ता

किसी के आगे हाथ न फैलाना
चाहे मिले यहाँ तख़्त या तख़्ता
दुनिया भर में जंग का है चलना
लाज़मी है ये कीमतों का बढ़ना

झुका नहीं कभी और न झुकेगा
अपनी ठाट है और ठाट ही रहेगा
जीएगा या फिर ऐसा ही मरेगा
चाहे कुछ भी हो ज़माने में यहाँ

— Raj

46. छाती पर साँप लोटना

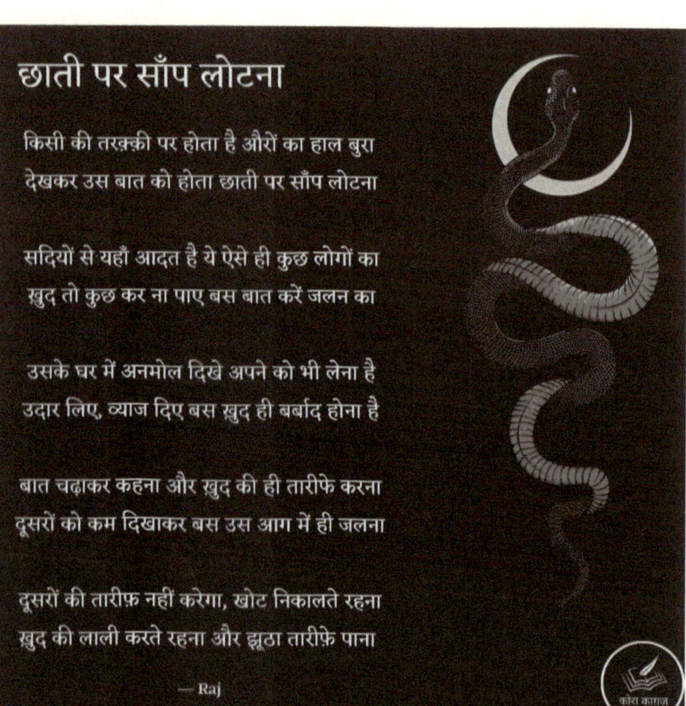

47. जैसा मुँह वैसा थप्पड़

जैसा मुँह वैसा थप्पड़

कर्म अपना जैसा करते रहो
यहाँ वैसा ही फ़ल मिलता है
इस दुनिया का यही नियम है
जैसा मुँह वैसा थप्पड़ मिलता है

सराफत की ज़िन्दगी बसर करो तो
यहाँ बदले में शराफत मिलता है
सरारत की ज़िन्दगी ग़र निभाया तो
यहाँ बदले में सिर्फ परहेज मिलता है

— Raj

48. डूबते को तिनके...

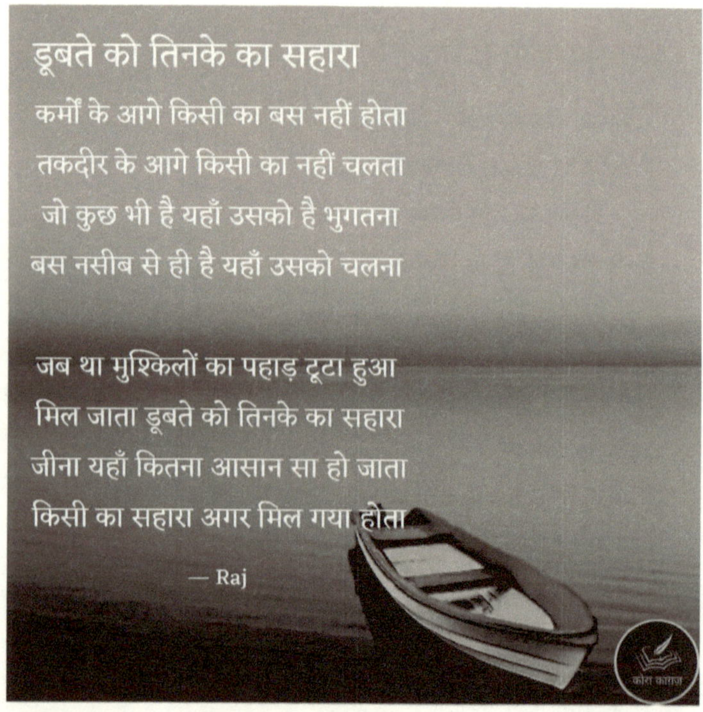

डूबते को तिनके का सहारा
कर्मों के आगे किसी का बस नहीं होता
तकदीर के आगे किसी का नहीं चलता
जो कुछ भी है यहाँ उसको है भुगतना
बस नसीब से ही है यहाँ उसको चलना

जब था मुश्किलों का पहाड़ टूटा हुआ
मिल जाता डूबते को तिनके का सहारा
जीना यहाँ कितना आसान सा हो जाता
किसी का सहारा अगर मिल गया होता

— Raj

49. तलवार का घाव...

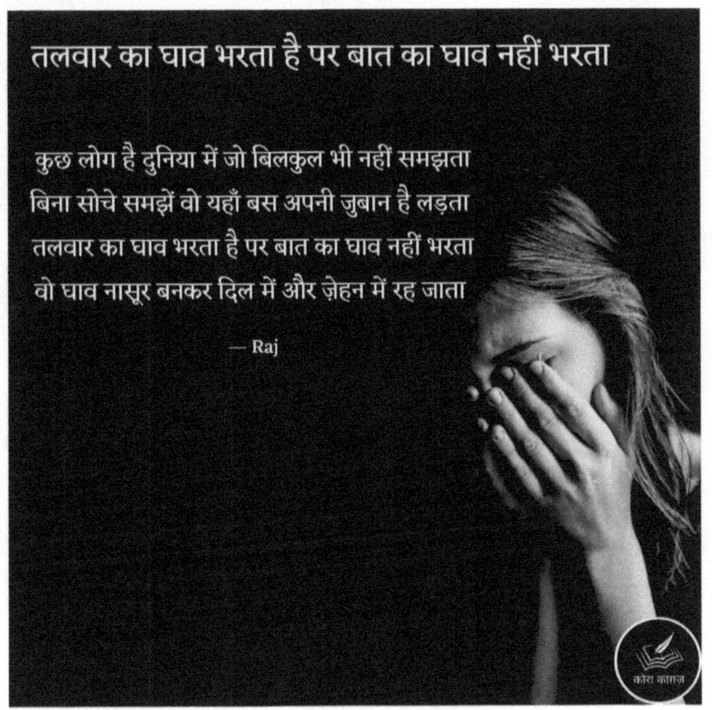

तलवार का घाव भरता है पर बात का घाव नहीं भरता

कुछ लोग है दुनिया में जो बिलकुल भी नहीं समझता
बिना सोचे समझें वो यहाँ बस अपनी जुबान है लड़ता
तलवार का घाव भरता है पर बात का घाव नहीं भरता
वो घाव नासूर बनकर दिल में और ज़ेहन में रह जाता

— Raj

50. चमड़ी जाए पर...

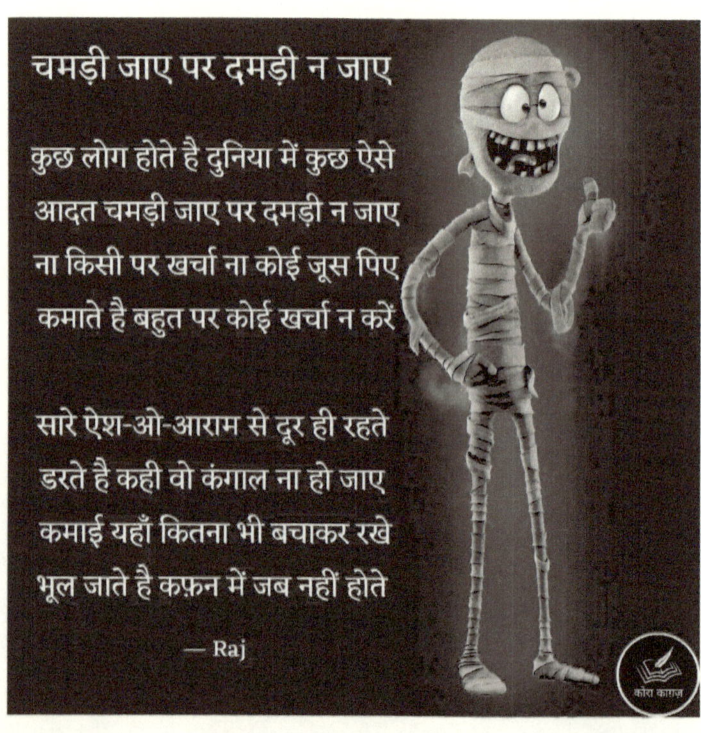

चमड़ी जाए पर दमड़ी न जाए

कुछ लोग होते है दुनिया में कुछ ऐसे
आदत चमड़ी जाए पर दमड़ी न जाए
ना किसी पर खर्चा ना कोई जूस पिए
कमाते है बहुत पर कोई खर्चा न करें

सारे ऐश-ओ-आराम से दूर ही रहते
डरते है कही वो कंगाल ना हो जाए
कमाई यहाँ कितना भी बचाकर रखे
भूल जाते है कफ़न में जब नहीं होते

— Raj

51. तोहफ़ा मोहब्बत का

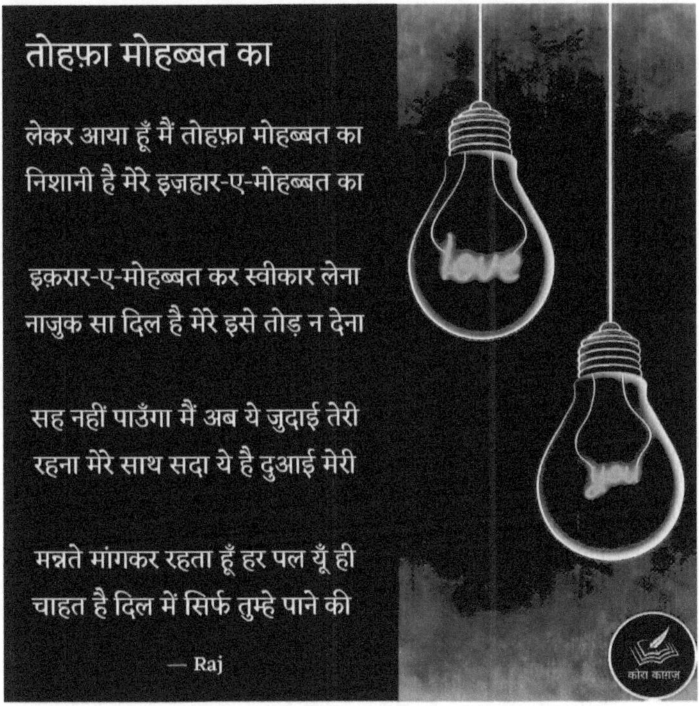
तोहफ़ा मोहब्बत का
लेकर आया हूँ मैं तोहफ़ा मोहब्बत का
निशानी है मेरे इज़हार-ए-मोहब्बत का
इक़रार-ए-मोहब्बत कर स्वीकार लेना
नाज़ुक सा दिल है मेरे इसे तोड़ न देना
सह नहीं पाउँगा मैं अब ये जुदाई तेरी
रहना मेरे साथ सदा ये है दुआई मेरी
मन्नते मांगकर रहता हूँ हर पल यूँ ही
चाहत है दिल में सिर्फ तुम्हे पाने की
— Raj
love
कोरा काग़ज़

52. लहराकर अपनी ज़ुल्फ़ें

53. ख़ुशामदी टट्टू होना

ख़ुशामदी टट्टू होना

लोगों को बस एक काम हैं करना
दूसरों का ख़ुशामदी टट्टू होना
आदत है इनका ये सदियों पुराना
जलना, बुराई करना, शाबाशी लेना

कुछ पाए या ना पाए निचा दिखाना
और अगर मिला तो तारीफे पाना
यूँ ही दूसरों का पेट पर लात मारना
ऐसा काम कर जमकर मजे लेना

— Raj

54. महताब हो या कोई

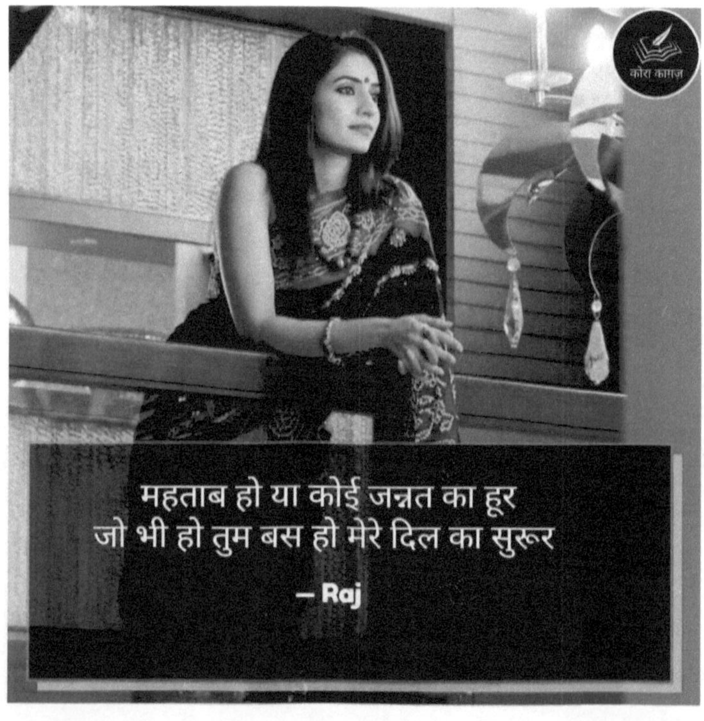

55. सपनों के पुल

सपनों के पुल

महताब को पाने की ख़्वाब लिए हुए
चलता गया सपनों का पुल बांधते हुए

तुमसे मोहब्बत में हम इतने मजबूर हुए
ना होश रहा और चैन से जीना दुश्वर हुए

शब-ए-महताब में वक़्त गुज़ार लिए
इंतज़ार करते-करते रात से सुबह हो गए

नींद खुला तो पाया तन्हाई में लिपटे हुए
पाया नहीं ख़्वाब बस ख़्वाब ही रह गए

अब ज़ेहन भी मेरा इस क़दर बेताब हुए
कब होगी मुलाक़ात सोचकर परेशान हुए

– Raj

56. महताब सा नुरानी

57. मोहब्बत की अंजान राहों

58. तू ही मुझमें शामिल है

59. मेरी बेचैन बाहें

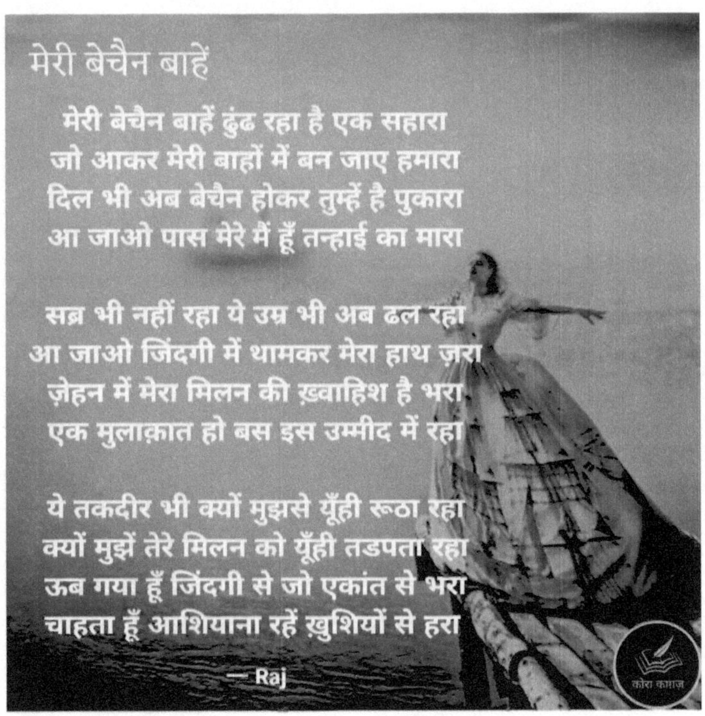

मेरी बेचैन बाहें

मेरी बेचैन बाहें ढुंढ रहा है एक सहारा
जो आकर मेरी बाहों में बन जाए हमारा
दिल भी अब बेचैन होकर तुम्हें है पुकारा
आ जाओ पास मेरे मैं हूँ तन्हाई का मारा

सब्र भी नहीं रहा ये उम्र भी अब ढल रहा
आ जाओ जिंदगी में थामकर मेरा हाथ ज़रा
ज़ेहन में मेरा मिलन की ख़्वाहिश है भरा
एक मुलाक़ात हो बस इस उम्मीद में रहा

ये तकदीर भी क्यों मुझसे यूँही रूठा रहा
क्यों मुझें तेरे मिलन को यूँही तडपता रहा
ऊब गया हूँ जिंदगी से जो एकांत से भरा
चाहता हूँ आशियाना रहें ख़ुशियों से हरा

— Raj

60. दस्तरस - पहुँच

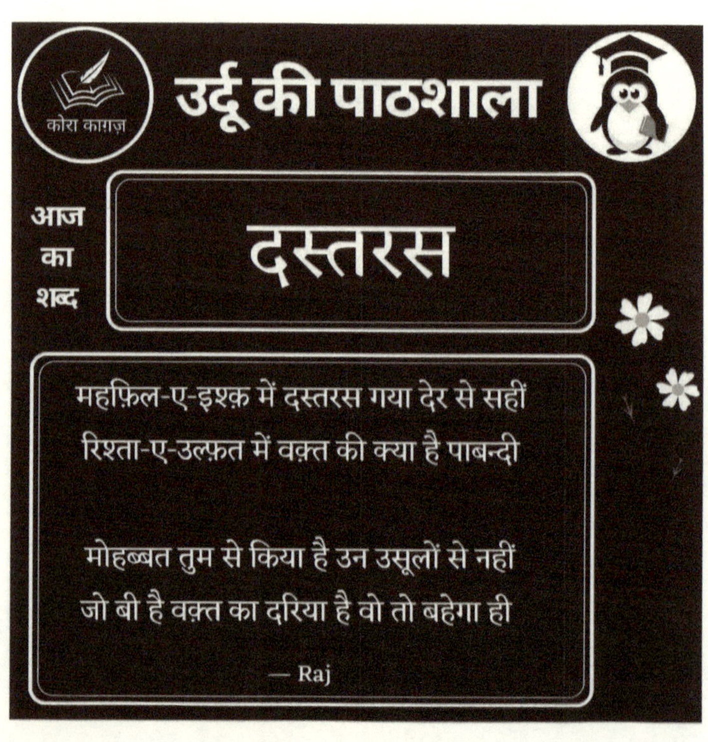

उर्दू की पाठशाला
कोरा काग़ज़
आज का शब्द
दस्तरस
महफ़िल-ए-इश्क़ में दस्तरस गया देर से सहीं
रिश्ता-ए-उल्फ़त में वक़्त की क्या है पाबन्दी

मोहब्बत तुम से किया है उन उसूलों से नहीं
जो बी है वक़्त का दरिया है वो तो बहेगा ही
— Raj

61. ख़ुशबू अपनों की

ख़ुशबू अपनों की

महका देता है आशियाना ये ख़ुशबू अपनों की
किस्मत वालों को ही मिलता है महक सपनों की

जिसका कोई नहीं संसार में वो भूखा रहा प्यार की
देखकर दूसरों को वो तरसता रहा हँसीन ख़्वाब की

गुल कहीं मुरझा न जाए ये फूल है उस मोहब्बत की
संभालकर रखा इसे मैं भीगो कर नीर-ए-उल्फ़त की

— Raj

62. पगडंडी नुमा ज़िन्दगी

63. मोहब्बत हो ही गई

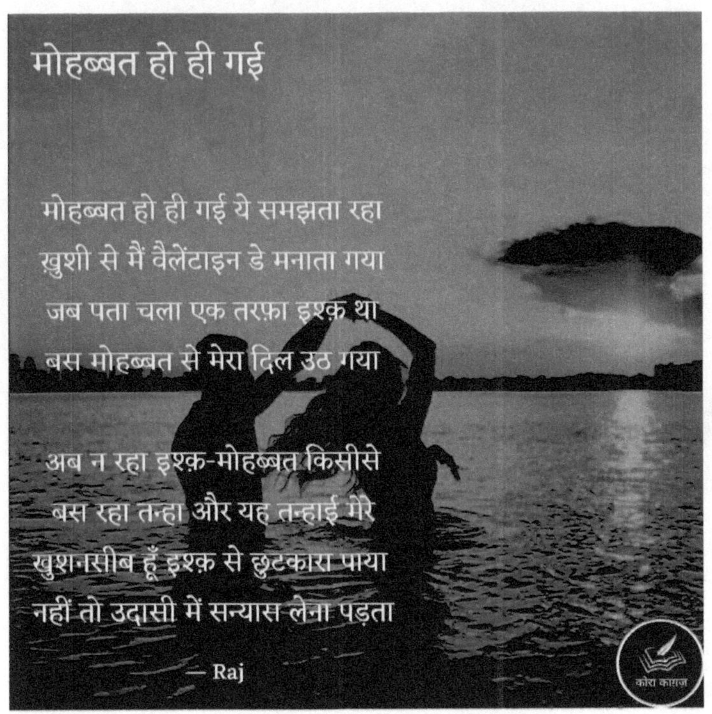

64. जी भर आना

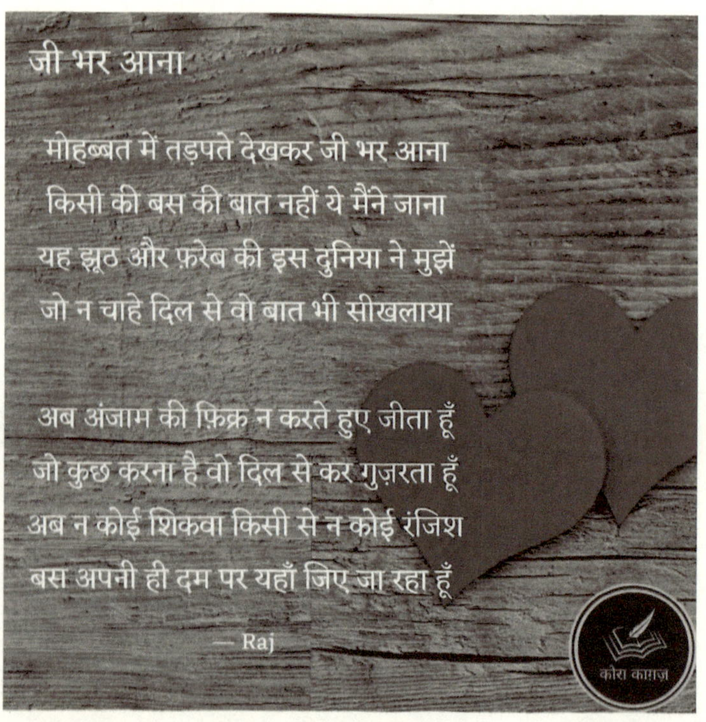

जी भर आना

मोहब्बत में तड़पते देखकर जी भर आना
किसी की बस की बात नहीं ये मैंने जाना
यह झूठ और फ़रेब की इस दुनिया ने मुझें
जो न चाहे दिल से वो बात भी सीखलाया

अब अंजाम की फ़िक्र न करते हुए जीता हूँ
जो कुछ करना है वो दिल से कर गुज़रता हूँ
अब न कोई शिकवा किसी से न कोई रंजिश
बस अपनी ही दम पर यहाँ जिए जा रहा हूँ

— Raj

65. कुछ कहना है तुमसे

66. जड़ उखाड़ना

जड़ उखाड़ना

मुश्किलें जो भी हो हँसकर दिन को बिताना
हर तकलीफ़ को हरकर आगे ही बढ़ते जाना

मसला जो कोई भी हो उसे जड़ उखाड़ना
गर नहीं तो फैलेगा ये जैसे हो कोई आपदा

दिल में ना कोई भेद भाव बस हो समानता
ना रहे कोई रंजिश बस मोहब्बत को पालना

धर्म मज़हब सब देन है यहाँ इन इंसानों का
जिसे ख़त्म कर हमको है इंसानियत पालना

— Raj

67. जले पर नमक..

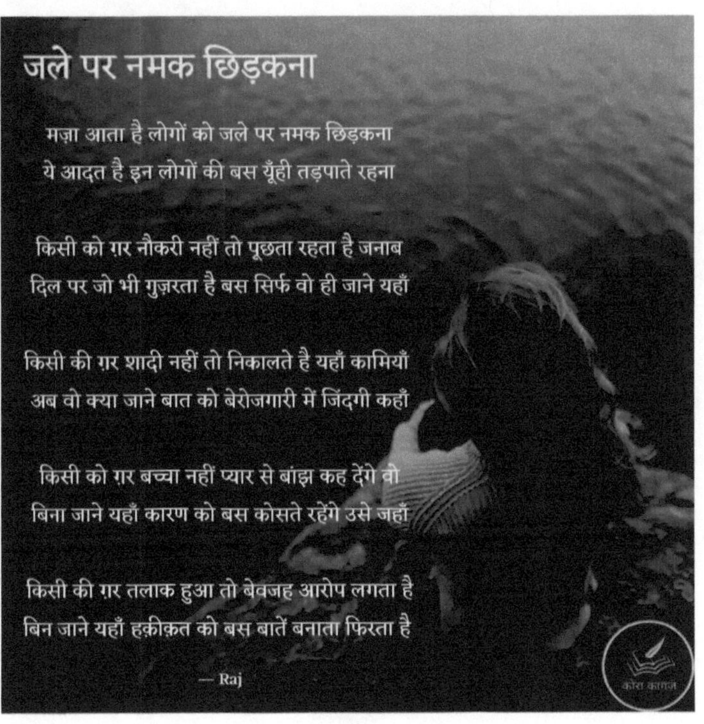

जले पर नमक छिड़कना

मज़ा आता है लोगों को जले पर नमक छिड़कना
ये आदत है इन लोगों की बस यूँही तड़पाते रहना

किसी को गर नौकरी नहीं तो पूछता रहता है जनाब
दिल पर जो भी गुज़रता है बस सिर्फ वो ही जाने यहाँ

किसी की गर शादी नहीं तो निकालते है यहाँ कामियाँ
अब वो क्या जाने बात को बेरोजगारी में जिंदगी कहाँ

किसी को गर बच्चा नहीं प्यार से बांझ कह देंगे वो
बिना जाने यहाँ कारण को बस कोसते रहेंगे उसे जहाँ

किसी की गर तलाक हुआ तो बेवजह आरोप लगता है
बिन जाने यहाँ हक़ीक़त को बस बातें बनाता फिरता है

— Raj

68. जादू नज़र तुम्हारी

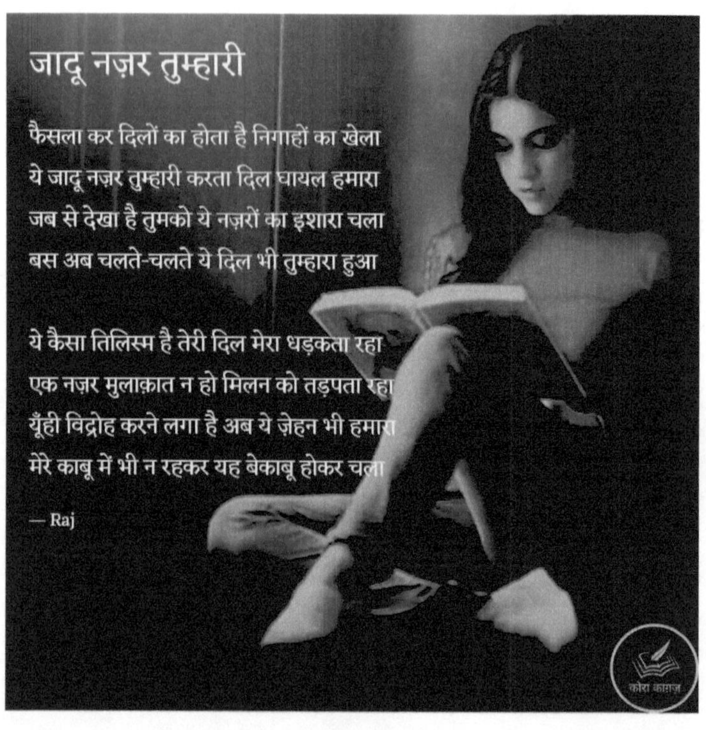

69. पलकें झुकाकर

70. चोली दामन का साथ

चोली दामन का साथ
रिश्ता-ए-मोहब्बत का होता है चोली दामन का साथ
कभी नहीं छूटेगा ये बंधन ना ही टूटेगा इसका साथ
बस यूँही चलता रहे दुनिया में ये प्रेम बंधन का नाथ
नफ़रत की ज़हर को मिटाकर यूँही बरसता रहे प्यार
— Raj

71. उलझते रिश्ते

उलझते रिश्ते

रिश्तों का डोर विश्वास का
मोहब्बत से यूँ मज़बूत सा
ना तोड़ पाए इसे कोई भी
कर लो सितम जबरन का

उलझते रिश्ते बन जाता है
जब होता हाल नासमझी का
गलतफहमी हो ही जाता है
तब अनकहे अल्फ़ाज़ो का

ये और उलझता ही जाता है
जब पहलु न हो यहाँ बातों का
गलतफहमी को दूर कर यहाँ
निभा जाए वफ़ा उन रिश्तों का

— Raj

72. रंग से रंगाकर

73. सदियों से चाहा था

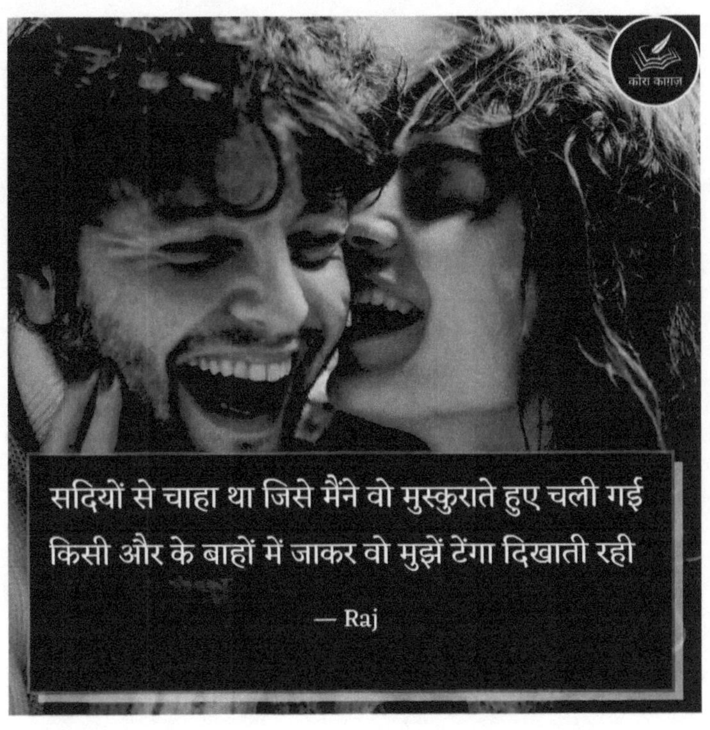

74. तुम पर मेरा हक़ है

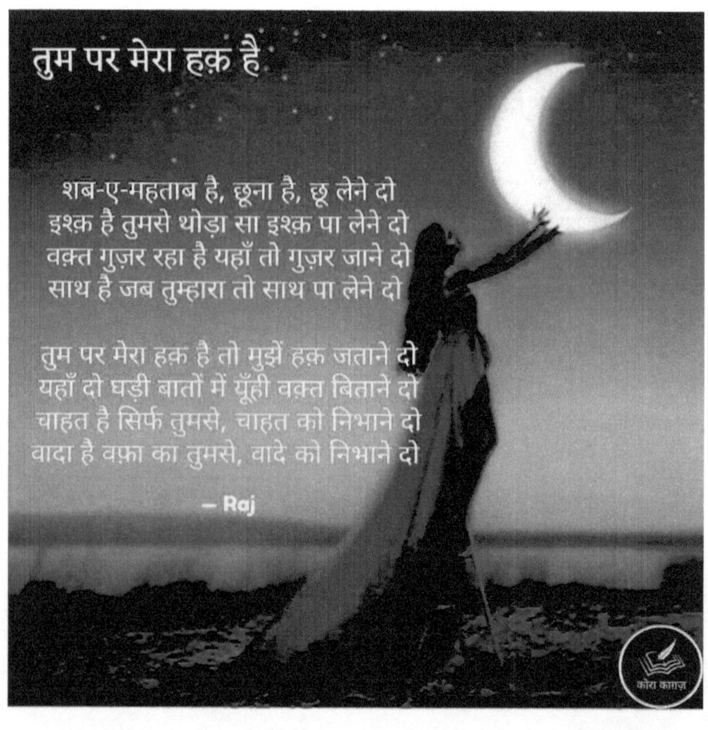

75. शब के अँधेरे में

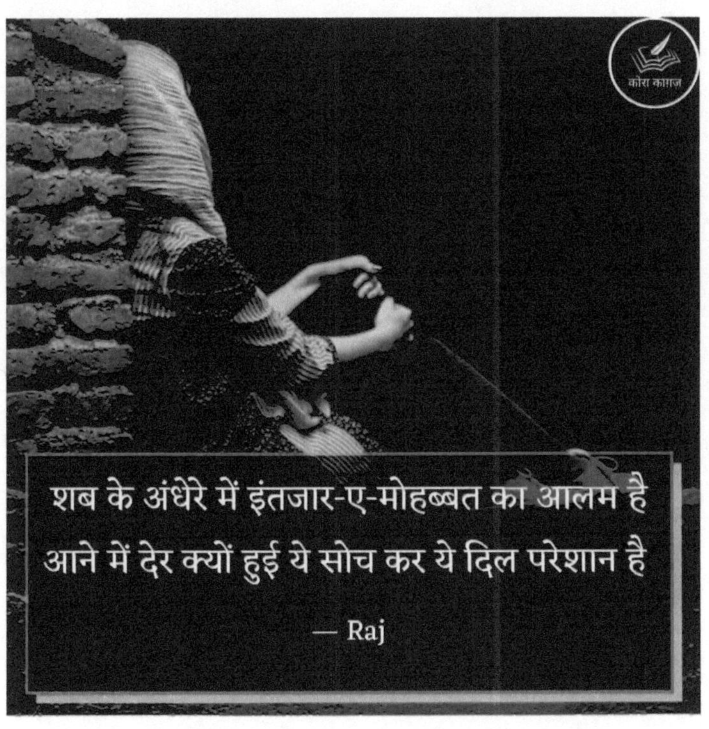

76. शिताब - जल्दी, शीघ्र

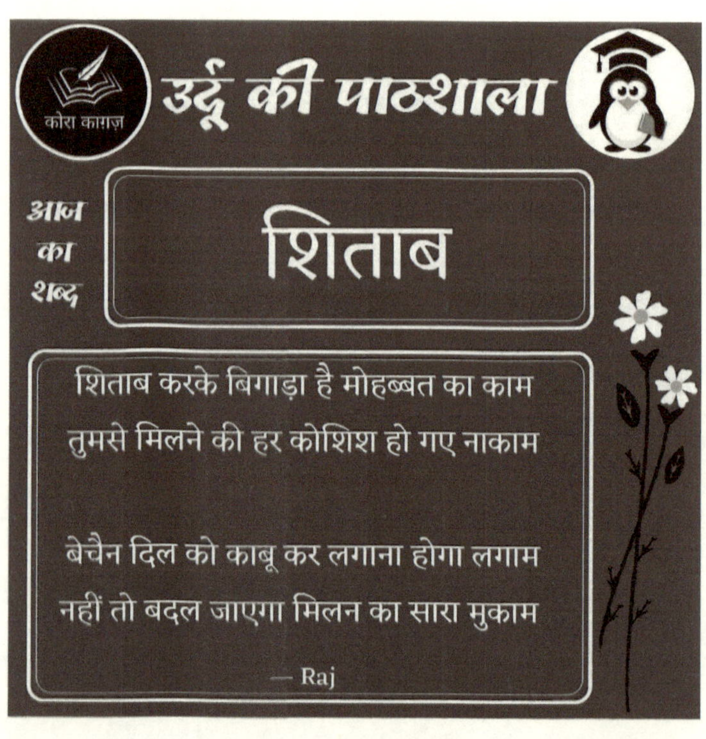

77. समाज की नींव

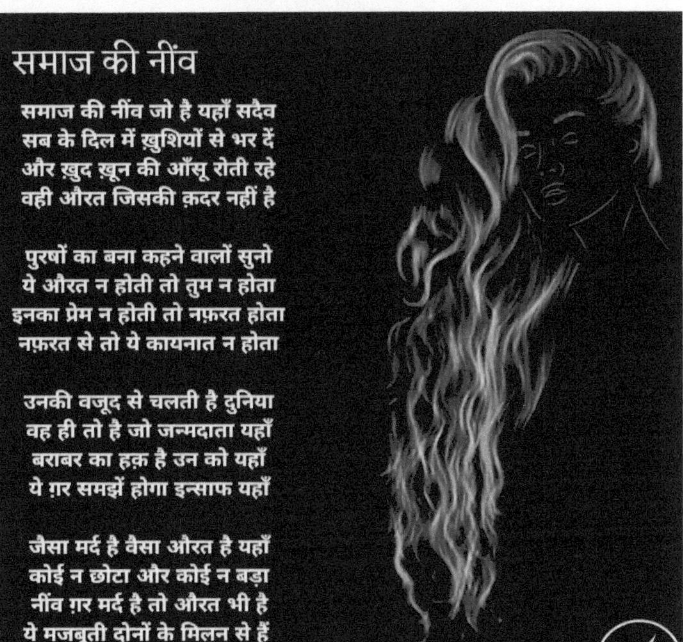

समाज की नींव

समाज की नींव जो है यहाँ सदैव
सब के दिल में ख़ुशियों से भर दें
और ख़ुद ख़ून की आँसू रोती रहे
वही औरत जिसकी क़दर नहीं है

पुरुषों का बना कहने वालों सुनो
ये औरत न होती तो तुम न होता
इनका प्रेम न होती तो नफ़रत होता
नफ़रत से तो ये कायनात न होता

उनकी वजूद से चलती है दुनिया
वह ही तो है जो जन्मदाता यहाँ
बराबर का हक़ है उन को यहाँ
ये ग़र समझें होगा इन्साफ़ यहाँ

जैसा मर्द है वैसा औरत है यहाँ
कोई न छोटा और कोई न बड़ा
नींव ग़र मर्द है तो औरत भी है
ये मजबूती दोनों के मिलन से हैं

— Raj

78. तुम्हारी बाहें

तुम्हारी बाहें

सुकून देता है मुझे तुम्हारी बाहें
राहत मिले देखकर तुम्हारी साये

दूर हो जाए सारे दुःख दर्द मेरा
जब रहता हूँ तेरे संग साँझ सवेरा

दिल खुशियों से फुला न समाना
खुद को भूल जाऊ इश्क़ में तेरा

ये मोहब्बत भी मेरा यूँ रंग लाया
जैसे कोयल गाये कोई गीत सुनहरा

इश्क़ का गुल भी यूँ ही खिल जाए
हर पल साँसों में यूँ तेरी महक आए

— Raj

79. ताबिंदा - चमकीला, रोशन

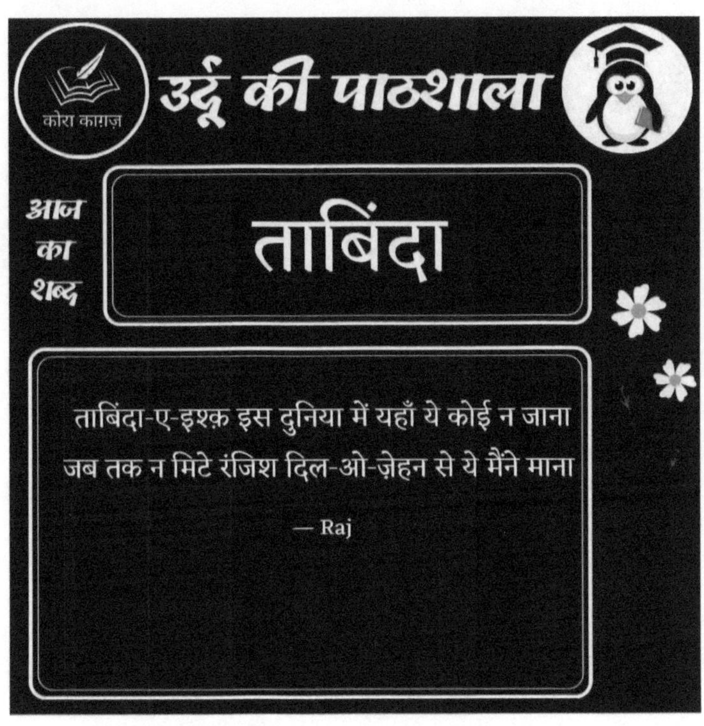

80. ताज़ियाना - चाबुक, कोड़ा

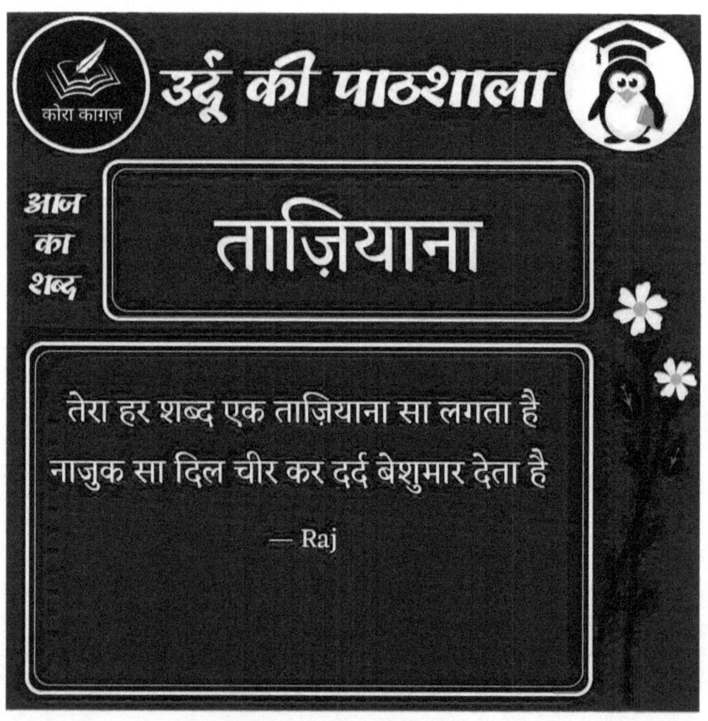

81. जी की जी में रहना

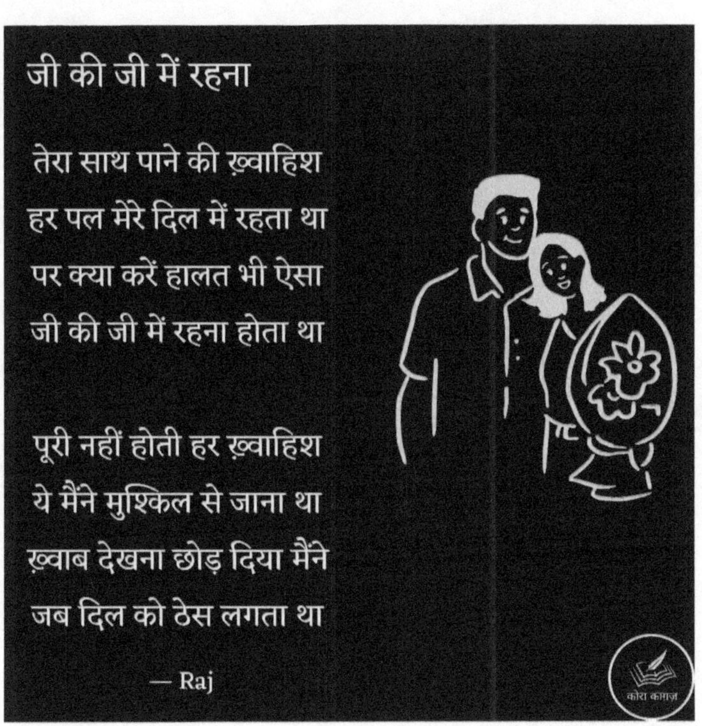

जी की जी में रहना

तेरा साथ पाने की ख़्वाहिश
हर पल मेरे दिल में रहता था
पर क्या करें हालत भी ऐसा
जी की जी में रहना होता था

पूरी नहीं होती हर ख़्वाहिश
ये मैंने मुश्किल से जाना था
ख़्वाब देखना छोड़ दिया मैंने
जब दिल को ठेस लगता था

— Raj

82. उलझती ज़ुल्फ़ें

उलझती ज़ुल्फ़ें बहकते हम

तेरी उलझती ज़ुल्फ़ें बहकते हम
बहारों का मौसम डगमगता क़दम

हवाओं की लहर में झूमता ये मन
तेरी आने से खिल गया मेरा चमन

महकाकर चली ये ख़ूबसूरत फ़िज़ा
भरकर इस ज़ेहन में हो जाए रज़ा

उल्फ़त की बातों में हो जाऊँ फ़िदा
बेहोश करता है मुझे तेरी ये अदाह

क़ातिल निगाहें तेरी घायल कर दिया
घायल दिल ने सिर्फ मोहब्बत किया

— Raj

83. तिलिस्मी नज़र

84. गड़े मुर्दे उखाड़ना

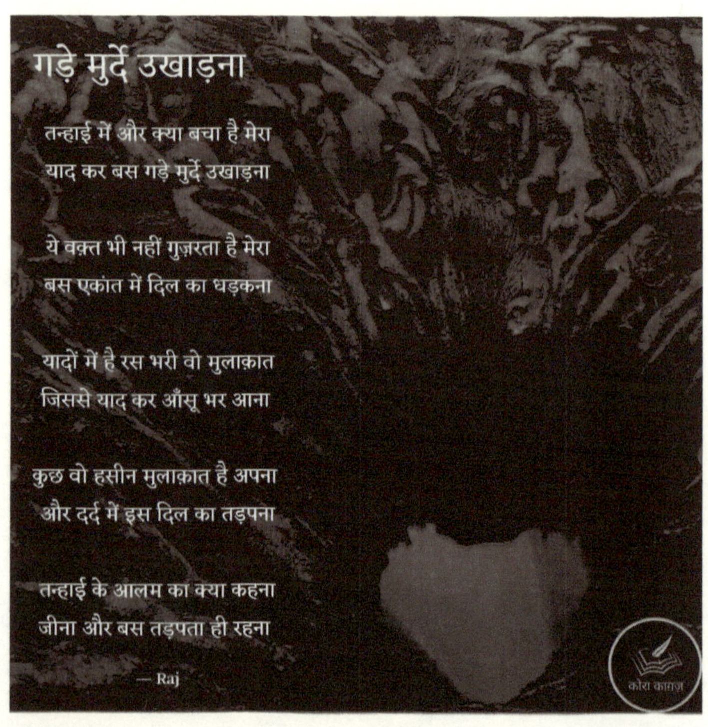

85. ठोक बजा ले चीज़..

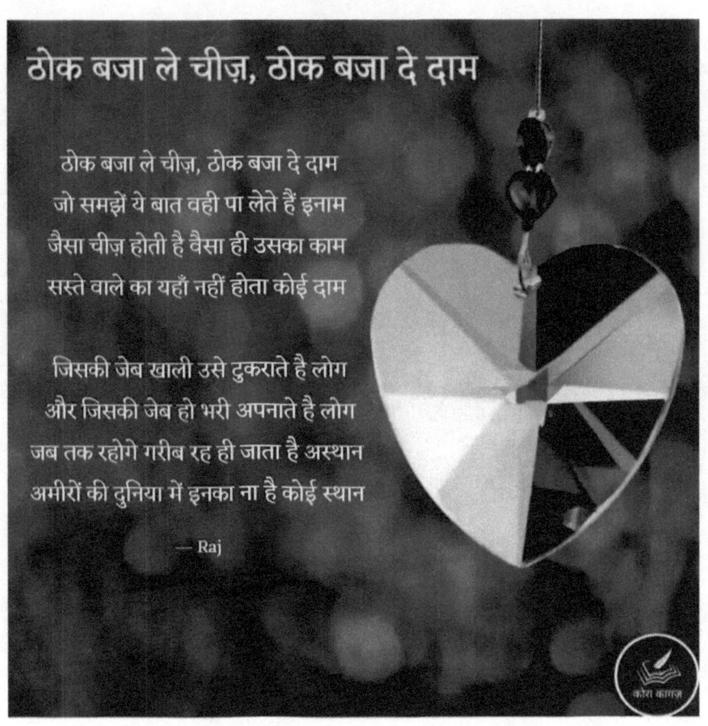

ठोक बजा ले चीज़, ठोक बजा दे दाम

ठोक बजा ले चीज़, ठोक बजा दे दाम
जो समझें ये बात वही पा लेते हैं इनाम
जैसा चीज़ होती है वैसा ही उसका काम
सस्ते वाले का यहाँ नहीं होता कोई दाम

जिसकी जेब खाली उसे ठुकराते है लोग
और जिसकी जेब हो भरी अपनाते है लोग
जब तक रहोगे गरीब रह ही जाता है अस्थान
अमीरों की दुनिया में इनका ना है कोई स्थान

— Raj

86. महफ़िल का दस्तूर है

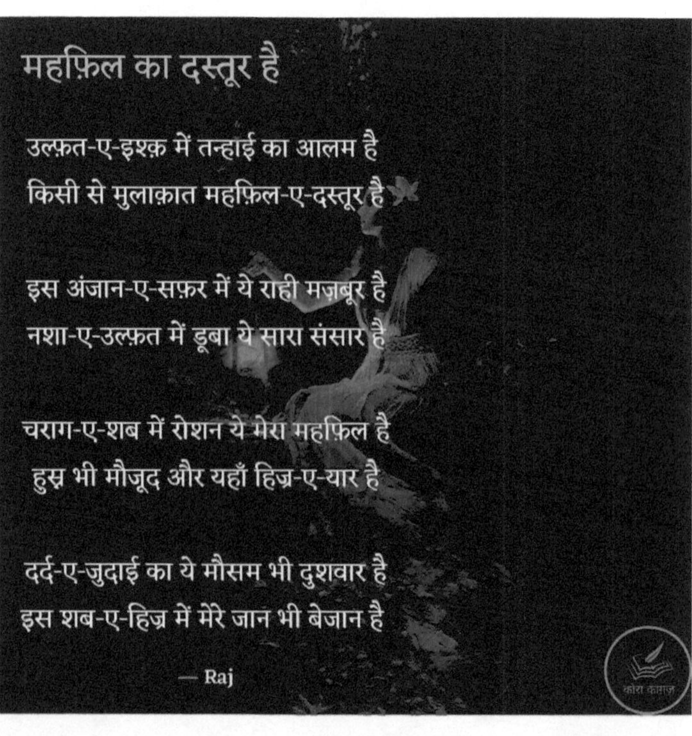

87. किसी बहाने आओ

किसी बहाने आओ

उल्फ़त मे इंतजार हुए
मोहब्बत बेहिसाब हुए
दूरियाँ अब सहा न जाए
तन्हाई में अब रह न पाए

किसी बहाने आओ ज़रा
मुलाक़ात कर लो ज़रा
ज़िन्दगी गुज़ार लों ज़रा
नज़रें भी मिला लो ज़रा

ये बातें तो होती ही रहेगी
काम भी यहाँ होता रहेगा
दो पल मोहब्बत में सनम
यहाँ पर यूँही बीता लो ज़रा

— Raj

88. सुरूर मोहब्बत का

सुरूर मोहब्बत का

उल्फ़त में दिन-ओ-रात यूँही बेचैन रहा
छा गया है ज़ेहन में सुरूर मोहब्बत का

आजाओ पास मेरे दिल का अरमान रहा
रंग गया दिल में मेरे रंगत तेरी सूरत का

जब है साथ तेरी हर ख़ुशी है हाज़िल मुझें
रहा अरमान बाकी फ़िर भी तेरी संगत का

चाहता हूँ मैं दिल-ओ-जान से तुम्हें मगर
कमी रह गया है बस बातें तेरी इश्क़ का

युही ख़्यालों में डूबा रहता हूँ हर दम मैं
बात दिल में हैं उस देखे हुए ख़्वाबों का

कब आ जाओगी सनम यूँही मेरी बाहों में
ज़ेहन में सोच है बस है अपनी मिलन का

— Raj

89. जलती आग में घी डालना

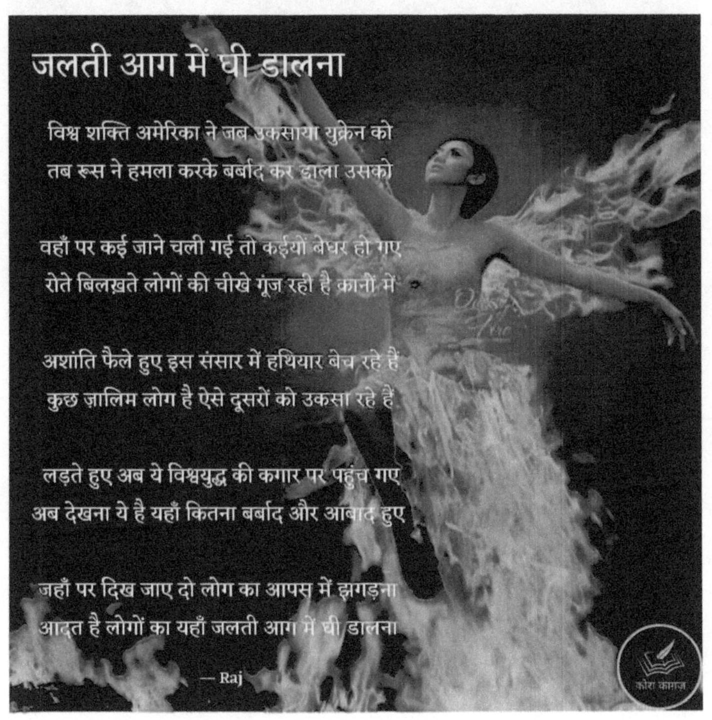

90. सामने तो आओ

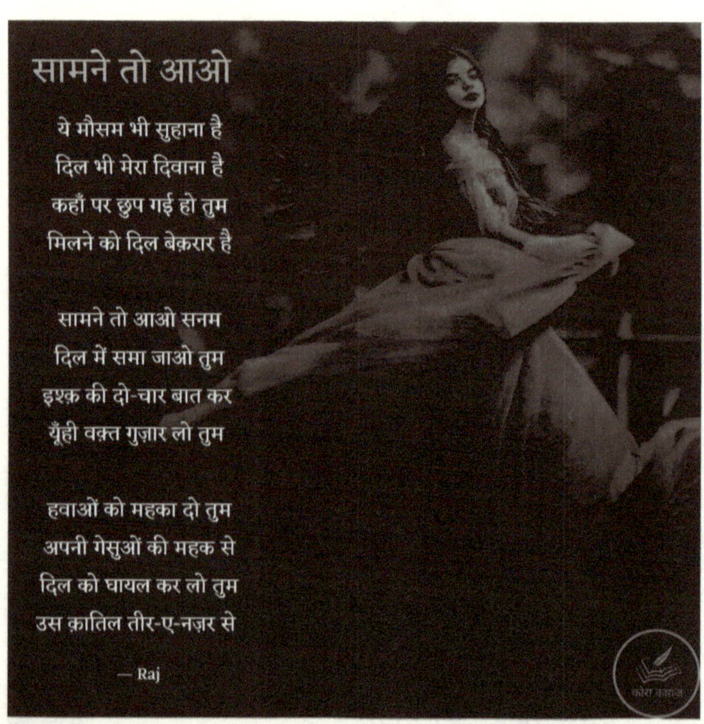

सामने तो आओ

ये मौसम भी सुहाना है
दिल भी मेरा दिवाना है
कहाँ पर छुप गई हो तुम
मिलने को दिल बेक़रार है

सामने तो आओ सनम
दिल में समा जाओ तुम
इश्क़ की दो-चार बात कर
यूँही वक़्त गुज़ार लो तुम

हवाओं को महका दो तुम
अपनी गेसुओं की महक से
दिल को घायल कर लो तुम
उस क़ातिल तीर-ए-नज़र से

— Raj

91. ये तिरछी नज़र

92. जीभ जली और स्वाद..

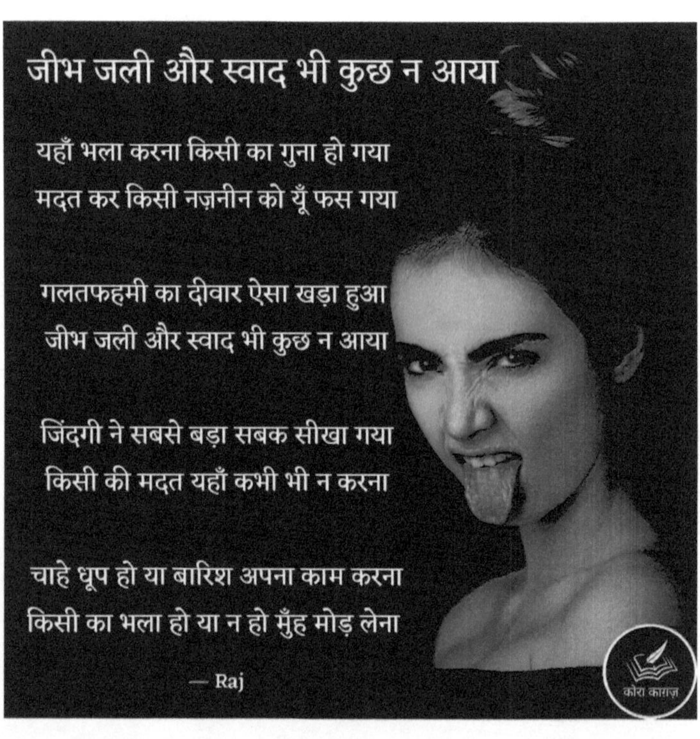

93. जीती मक्खी निघलना

94. ज़मीन पर पैर न रखना

95. ज्यों-ज्यों भीजे कामरी...

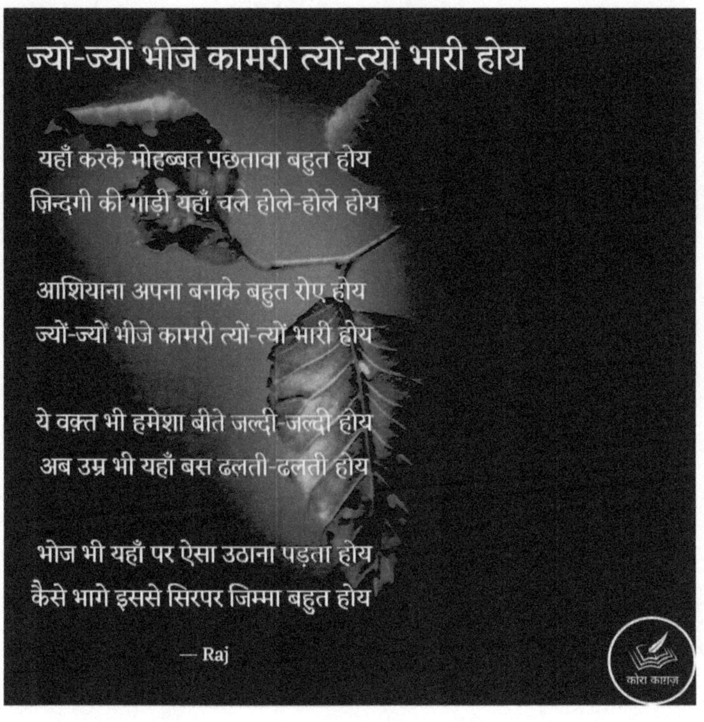

96. ज़मीन पर नाक रगड़ना

ज़मीन पर नाक रगड़ना

यहाँ सलाह मशवरा लेते नहीं
करता है जो उनको है करना
जब बात कुछ भी बनता नहीं
माथे पर हाथ रख बैठ जाना

बिन सोचे यहाँ गलती करना
फिर ज़मीन पर नाक रगड़ना
आदत है यहाँ चंद लोगों का
इस बीमारी का क्या है करना

— Raj

97. तेरी लगन लगी

तेरी लगन लगी
यूँही खो गया हूँ तेरी इश्क में मैं
याद दिन-ओ-रात सता रहा है
एक पल न बिता पाऊँ बिना तेरे
यूँ लगता है मुझें तेरी लगन लगी

न चैन दिन का न नींद रात की
है बेताब हर पल मुलाक़ात की
न होश रहा बात है मदहोशी की
यूँ लगता है मुझें तेरी लगन लगी

यहाँ रह नहीं पाऊँ मैं तेरे बिना
हर पल लगता मुझें भारी जीना
साँस भी लगता है अटका हुआ
यूँ लगता है मुझें तेरी लगन लगी

इज़हार-ए-मोहब्बत कर लो सनम
इकरार-ए-इश्क करता रहा हूँ मैं
क्यों न बनाए सुन्दर आशियाँ हम
यूँ लगता है मुझें तेरी लगन लगी

— Raj

98. आने वाला कल

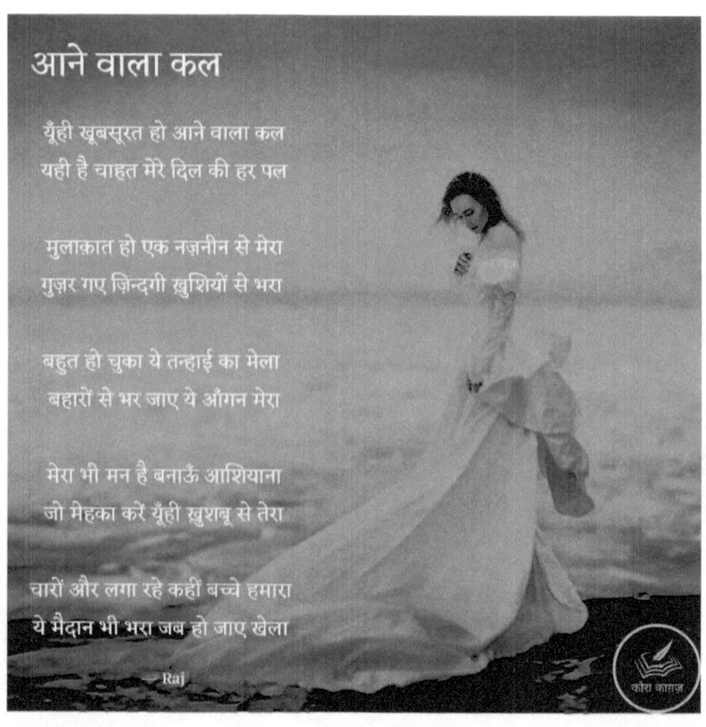

आने वाला कल

यूँही ख़ूबसूरत हो आने वाला कल
यही है चाहत मेरे दिल की हर पल

मुलाक़ात हो एक नज़नीन से मेरा
गुज़र गए ज़िन्दगी ख़ुशियों से भरा

बहुत हो चुका ये तन्हाई का मेला
बहारों से भर जाए ये आँगन मेरा

मेरा भी मन है बनाऊँ आशियाना
जो मेहका करे यूँही ख़ुशबू से तेरा

चारों और लगा रहे कहीं बच्चे हमारा
ये मैदान भी भरा जब हो जाए खेला

Raj

99. कुछ पल ठहर जाओ

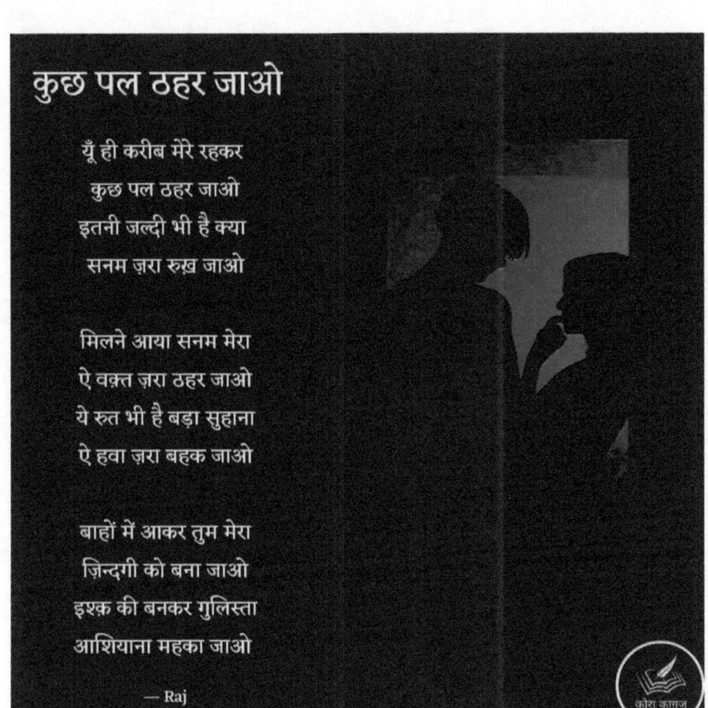

100. किस के इंतज़ार में

अस्वीकरण

सभी रचनाएँ कल्पना पर आधारित हैं। इसका लेखक के जीवन या ब्रह्मांड में किसी से कोई लेना-देना नहीं है। सभी लेख काल्पनिक हैं और किसी जीवित या मृत व्यक्ति से कोई समानता नहीं है। यदि कोई समानता है तो यह मात्र संयोग है।

लेखक की जीवनी

श्री के.सी. श्रीराज मेनन, जिनका जन्म केरल के एक संपन्न परिवार में 09 सितंबर 1973 को श्री कोझीपुरथ संकुन्नी मेनन और श्रीमती किज़हारा चालापुरथ सेथुलक्ष्मी मेनन के घर हुआ और महाराष्ट्र में अधिवासित हैं। वह बचपन से ही तेज-तर्रार शायरी करते थे, कहते और भूल जाते थे। एक बार उनके एक करीबी दोस्त ने इस पर गौर किया और उन्हें जो भी कविताएँ या उद्धरण कहते थे, उन्हें लिखने के लिए मजबूर किया और तब से उन्होंने लिखना शुरू कर दिया। उन्होंने अपनी कविताओं और उद्धरणों को अपने और अपने करीबी दोस्तों के पास तब तक सीमित रखा जब तक उन्हें अपने कामों को ऑनलाइन लिखने के लिए एक मंच नहीं मिला। वह Your Quote साइट पर एक सक्रिय लेखक हैं और उन्हें प्रतियोगिता के लिए कई प्रशंसापत्र और प्रमाणपत्र प्राप्त हुए हैं। वह एक बहुभाषी लेखक हैं और उनका लेखन विस्मयकारी है। चाहे वह अंग्रेजी, हिंदी, उर्दू, मलयालम और मराठी हो, वह सभी भाषाओं में उत्कृष्ट है। वह कई दिलचस्प लेखकों के लिए एक बड़ी प्रेरणा भी हैं। वह मुंबई विश्वविद्यालय से स्नातक हैं। वह एक एकाउंटेंट हैं और एक स्व-शिक्षित कंप्यूटर इंजीनियर भी हैं। उनके कौशल शीर्ष पायदान पर हैं और उनके पास कई प्रमाणपत्र हैं। अभिनय, लेखन, पेंटिंग और नृत्य और संगीत सुनना आदि... आदि उनके जुनून हैं।

Mail Id.: shreeraj_m@yahoo.co.uk